巴菲特
资产配置法

THE LITTLE BOOK THAT STILL SAVES YOUR ASSETS

〔美〕戴维·M. 达斯特（David M. Darst）◎著
伍文韬 ◎译

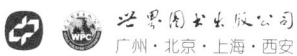
广州·北京·上海·西安

本书中文简体字版通过 Grand China Publishing House（中资出版社）授权世界图书出版广东有限公司在中国大陆地区出版并独家发行。未经出版者书面许可，本书的任何部分不得以任何方式抄袭、节录或翻印。

图书在版编目（CIP）数据

巴菲特资产配置法/（美）达斯特（Darst, D. M.）著；伍文韬译．—广州：世界图书出版广东有限公司，2013.11（2021.11 重印）

书名原文：The little book that still saves your assets: what the rich continue to do to stay wealthy in up and down markets

ISBN 978-7-5100-6571-2

Ⅰ．①巴… Ⅱ．①达… ②伍… Ⅲ．①投资－资产管理 Ⅳ．① F830.59

中国版本图书馆 CIP 数据核字（2013）第 275297 号

版权登记号 图字：19-2013-077

The Little Book that Still Saves Your Assets (ISBN-9781118423523) by David M. Darst.
Copyright © 2013 by David M. Darst.
Simplified Chinese edition Copyright © 2014 by Grand China Publishing House
Authorized translation from the English language edition, published by John Wiley & Sons.
This edition arranged with John Wiley & Sons International Rights, Inc., Hoboken, New Jersey
This translation published under license.
All rights reserved.
No part of this book may be reproduced in any form without the written permission of the original copyrights holder.
Copies of this book sold without a Wiley sticker on the cover are unauthorized and illegal.

书　　名：	巴菲特资产配置法

BAFEITE ZICHANPEIZHIFA

著　者：	[美]戴维·M.达斯特（David M. Darst）
译　者：	伍文韬
策　划：	中资海派
执行策划：	黄　河　桂　林
责任编辑：	钟加萍
责任技编：	刘上锦
特约编辑：	张　帝　羊桓汶辛
版式设计：	郑丽华
封面设计：	蔡炎斌
出版发行：	世界图书出版有限公司　世界图书出版广东有限公司
地　址：	广州市新港西路大江冲 25 号
邮　编：	510300
电　话：	020-34201967
网　址：	http：//www.gdst.com.cn
邮　箱：	wpc_gdst@163.com
经　销：	各地新华书店
印　刷：	深圳市雅佳图印刷有限公司
开　本：	787 mm×1092 mm　1/16
印　张：	15
字　数：	183 千
版　次：	2013 年 11 月第 1 版　2021 年 11 月第 4 次印刷
书　号：	ISBN 978-7-5100-6571-2
定　价：	79.80 元

如发现印装质量问题影响阅读，请与承印厂联系退换。

资产配置是一种管理投资组合的基本方法，需要你谨遵其核心理念：多元化、再平衡和风险管理。让你的投资为你服务，这不仅可以帮助你实现人生目标，而且能抚平投资成功道路上的颠簸。

戴维·M. 达斯特（David M. Darst）
摩根士丹利全球资产管理首席策略师

谨以此书纪念

大卫·斯文森（1954—2021）
耶鲁大学首席投资官、资产配置大师

名人推荐

彼得·L. 伯恩斯坦（Peter L. Bernstein）
《投资组合管理期刊》创办者、畅销书《与天为敌》作者

　　戴维·M. 达斯特将自己的智慧呈现给读者，就像上好的香槟不断涌动着神奇的气泡。一品甘甜，唇齿留香，不忍饮尽。所有的投资者都可以从他富有洞见的建议中获益良多。

巴顿·比格斯（Barton Biggs）
畅销书《对冲基金风云录》（*Hedgehogging*）作者
摩根士丹利前首席投资策略师

　　戴维·M. 达斯特就像一部活的投资百科全书。《巴菲特资产配置法》囊括了很多有价值的信息和建议。

塞缪尔·L. 海斯（Samuel L. Hayes）
雅各布·H. 希夫（Jacob H. Schiff）
哈佛商学院名誉教授

　　戴维·M. 达斯特又创作了一本好书！《巴菲特资产配置法》是任何想规避投资组合风险、获得最大收益的投资者必读书目。

拜伦·韦恩（Byron Wien）
黑石顾问合伙人公司（Blackstone Advisory Partners LP）副董事长

戴维·M. 达斯特凭借数十年的投行经验，向读者生动地揭露了投资的秘密。《巴菲特资产配置法》不仅能帮助你实现资产增值，还能给你带来内心的充实。

亚当·史密斯（Adam Smith）
经典畅销书《金钱游戏》（*The Money Game*）作者

戴维·M. 达斯特的《巴菲特资产配置法》有深刻的洞见，逻辑清晰，抓住本质，引人入胜，妙趣横生。

孔苏埃洛·麦克（Consuelo Mack）
美国公共广播公司 PBS 财经频道主持人和总编

《巴菲特资产配置法》是一部艺术品，而戴维·M. 达斯特是一位大师。这本书饶有趣味、可读性强，让散户可以像专家一样投资，挽救资产并打造自己的投资组合！

《华尔街日报》（*The Wall Street Journal*）

《巴菲特资产配置法》解释了人们为什么总是把自己的资产配置计划弄得很糟糕。书里有一段描述："人们买一条领带或裙子要考虑8周，但是在做关乎生活和资本总产值的投资决定时，只用了一通8分钟的电话。"戴维·M. 达斯特为了帮助他的读者避开这样的陷阱，在书里总结了一些如何判断基金经理好坏的问题。

《美国银行家协会银行业务》杂志（*ABA Banking Journal*）

《巴菲特资产配置法》提供了个人资产配置的必备知识，能让每一位金融领域人士受益。不管你是资深投资者，还是打算进军投资界的新手，都能从戴维·M. 达斯特对最基本的投资理念解读中获益良多。

推荐序 一

站在大师肩上的资产配置策略

我认为这些年来，对帮助公众理解和利用资产配置的方式来管理投资组合，自己做出了一定的贡献。但是我的工作和想法并不只是我个人的功劳，在整个职业生涯中，我一直站在巨人的肩膀上，我总是向他人寻求激励和帮助。

我不指望你只是听了我的一家之言，就赞同资产配置的方式对投资有帮助。我的分析和策略建立在几十年来很多伟大人物的研究、见解、创新和智慧基础之上。

THE LITTLE BOOK THAT STILL SAVES YOUR ASSETS

———— **查尔斯·埃利斯** ————
（Charles Ellis）
曾任耶鲁大学投资委员会主席和受托人

  研究资产配置和投资结果的大师之一是查尔斯·埃利斯。他创作了10本以上的书和发表了不计其数的文章来探讨合理投资规划、从长远角度把握金融市场的好处。他最重要的书之一就是那本经典的《赢得输家的游戏》（*Winning the Loser's Game*）。

  在书里，他描述了投资者的思维如何被短期市场波动左右。他论证了投资者如何利用这些波动为自己所用，而不是成为形势的牺牲品。他研究主动与被动指数化投资在长期投资组合的作用。他告诉投资者如何利用长期思维和资产配置策略，这些是他在过去30年中为世界大型金融机构和投资者服务中所见证和形成的。

THE LITTLE BOOK THAT STILL SAVES YOUR ASSETS

―― **彼得·L. 伯恩斯坦** ――
（Peter L.Bernstein）
《投资组合管理期刊》的创办者

  在资产配置思维和实践方面贡献比较大的还有彼得·伯恩斯坦。他写了9本关于金融市场的书，还有几十篇相关文章。他成立了伯恩斯坦研究公司，为全世界的个体投资者和投资机构提供经济和投资建议。他最重要的书之一《投资革命》(Capital Ideas) 出版于1992年。在这本书里，伯恩斯坦探讨了经济投资理论的很多突破性成果，以及如何利用它们来管理投资。

  2007年出版了这本书的续集《投资新革命》(Capital Ideas Evolving)。伯恩斯坦1998年的著名作品《与天为敌》(Against the Gods) 以引人入胜的笔触描述了风险发展史，向投资者指出如何发现和管理风险。

THE LITTLE BOOK THAT STILL SAVES YOUR ASSETS

———— 威廉·夏普 ————
William F. Sharpe
资本资产定价模型的奠基者

威廉·夏普是斯坦福大学的教授，他在资产定价模型（capital asset pricing model，缩写CAPM）做出的贡献为他赢得了1990年的诺贝尔奖。他开发了一种方法，来评估投资经理的风险和回报，这一方法已经成为行业标准。几乎所有共同基金和对冲基金经理人的评估都有赖于夏普比率（the Sharpe ratio），这一比率会计算出一个经理人会冒多大风险来获取收益。除编写教材《投资学》（Investments）之外，夏普还就投资风格、资产配置过程和资产定价写了大量的文章。

资产定价模型为夏普赢得了诺贝尔奖，《资本资产价格：风险条件下市场供需平衡理论》（Capital Asset Prices: A theory of Market Equilibrium under Conditions of Risk）被很多主流金融杂志反复刊登，广为人知。这篇文章被认为是关于资产收益和定价的权威性论著。目前关于资产配置的很多方式都是夏普开创的，他的最新作品《投资者与市场》（Investors and Markets）将他的理念分解成合理管理投资组合的实用原则。

THE LITTLE BOOK THAT STILL SAVES YOUR ASSETS

———— 杰克·特雷诺 ————
Jack Treynor
特雷诺资本管理公司总裁

杰克·特雷诺是另一位增进投资者对市场和资产配置过程了解的先锋思想家。特雷诺的公司向投资者提供策略方面的支持,除此之外,他还是行业的主流学术性杂志《投资管理杂志》(Journal of Investment Management)的资深编辑。

他著述了 50 篇以上的文章,就资产定价、市场结构、交易费用、市场心理学等方面进行研究。他的很多文章纳入了他 2007 年出版的《特雷诺论机构投资学》(Treynor on Institutional Investing)。

THE LITTLE BOOK THAT STILL SAVES YOUR ASSETS

———— 大卫·斯文森 ————
David Swensen
耶鲁大学首席投资官

对资产配置的理论和实践做出重大贡献的另一个人物是大卫·斯文森,他是耶鲁大学基金首席投资官。自从1985年以来,他利用富有新意和周密细致的资产配置技巧,帮助耶鲁大学获得了17%以上的年收益率。

他的第一本书《机构投资的创新之路》(*Pioneering Portfolio Management*)描述了他如何发现类似权益的资产类别与美国权益市场的低相关性,以及如何在这些资产类别中挑选基金经理,还有如何平衡投资组合,在变化的市场条件下保持资产配置的正确性。

他的第二本书《非比寻常的成功》(*Unconventional Success*)阐述了个体投资者如何挑选合适的资产,以及如何利用低成本的ETF和共同基金来实现目标。这本书告诫个体投资者应该避免哪种共同基金以及背后的原因。斯文森还强调了很有必要及时再平衡投资组合和时常铭记自己的投资时限。

THE LITTLE BOOK THAT STILL SAVES YOUR ASSETS

—— 巴顿·比格斯 ——
Barton Biggs
摩根士丹利前首席投资策略师

在华尔街，将资产配置作为一种可行的投资方式的人中，市场战略家和投资经理巴顿·比格斯是领先人物。他运用自己不同寻常的智慧、全球眼光、好奇心和经验来帮助投资者发现和充分利用市场低效率，从而获得长期收益。

他还是华尔街主流中最先意识到这些资产类别的价值：新兴市场、房地产投资信托基金、商品、通货膨胀挂钩证券等。他的书《对冲基金风云录》（*Hedgehogging*）讲述了跟发行和管理对冲基金相关的人、利益、陷阱与过程，充满真知灼见。

THE LITTLE BOOK THAT STILL SAVES YOUR ASSETS

—— 马丁·莱博维茨 ——
Martin Leibowitz
摩根士丹利公司董事、总经理

马丁·莱博维茨是极少数同时获得学术成就和投资世界成功的人之一。他著有经典之作《收益宝典》(Inside the Yield Book),以及一些影响深远的文章,探讨比如权益的特许经营价值、收益曲线(yield curve)、水平分析(强调收入再投资的重要性和固定收益投资中已经实现的复利收益)、债券应用,以及另类投资在资产配置中的角色与应用等话题。

在他开始摩根士丹利职业生涯之前,曾在所罗门兄弟公司担任 26 年全球股票和固定收益研究中心总监,还在大学退休财产基金(TIAA-CREF)担任过 9 年主席和首席投资官。他的观点充满新意和创造性,怀着对投资的巨大热情,他发展了一些新的理念,与投资者进行分享,然后将这些理念应用到真实投资组合管理的各种资产类别中。

——— 杰克·米亚 ———
Jack Meyer
哈佛大学管理公司前任 CEO

杰克·米亚曾在哈佛大学管理公司担任 15 年的首席执行官，有着出色的业绩。关于寻找和利用成功的投资经理和投资技巧，他有一套全面的方法。在任期内，他利用新的资产类别，比如木材、通货膨胀挂钩证券、新投资工具、新风险控制方法、创新型投资组合经理补偿等，帮助哈佛大学捐赠基金实现了年复利 14.9% 的增长率。

他利用几种核心资产配置和投资原则来获得这样的收益。米亚和他的团队采用合并套利技巧来利用本质相似的资产定价上的差异。他是最先接受和使用复合衍生工具管理大型捐赠基金的经理人之一。他利用互换、期权和远期等金融衍生品来管理风险和提高收益。这些都是资产配置策略的组成部分。

THE LITTLE BOOK THAT STILL SAVES YOUR ASSETS

—— 保罗·卡波特 ——
Paul Cabot
现代投资管理之父

在杰克·米亚之前，可能还要提及一个人的工作，他促成了杰克·米亚的出现。他就是真正的投资先驱保罗·卡波特，95年的从业生涯中，他以无可比拟的热忱和激情来帮助投资者。1924年，他成立了美国早期出现的共同基金。他不仅改变了公司研究方向，而且强有力地表达了股东在20世纪20年代的怨言。他倡导改革影响证券发行、证券交易和投资管理的法律框架。

基于很好的理由，卡波特可能最为人知的是他在战略性资产配置方面取得的成功：在他1948年成为哈佛财务长后，他劝服委托人将重心转向投资股票，就在股票市场18年的牛市开始之时。

一些学者做了关于利用资产配置方式来进行投资的早期研究。1986年7月出版的《金融分析家杂志》（*Financial Analysts Journal*）上，伦道夫·霍德（Randolph Hood）、盖瑞·布林森（Gary Brinson）、吉尔伯特·比鲍尔（Gilbert Beebower）发表了一篇重要文章——《组合绩效的决定》

(*Determinants of Portfolio Performance*)。这篇文章表明，利用被动指数化投资获得的收益，比主动挑选合适投资和预测投资时机获得的收益更高。

更重要的是，这项研究得出结论：挑选资产类别跟主动的投资管理相比，前者对投资的长期收益影响更大。接下来的一项研究是由罗杰·伊博森（Roger Ibbotson）和保罗·卡普兰（Paul Kaplan）所做。他们在2000年1月出版的《金融分析家杂志》上发表了他们的研究成果："资产配置策略能解释40%、90%或100%的资产表现吗？"

这一研究得出了令人惊叹的结论。将94只平衡型共同基金与运用资产配置方法综合起来的国内股票、债券、外国股票和现金投资组合相比较，他们发现投资组合的方式决定了40%的基金收益随时间而产生的差别。他们也发现资产配置方式100%决定了每只基金随时间产生的总收益。投资表现跟投资经理所选择的单个证券并无太大关系，而与他们总体的投资组合搭配有着莫大的关系。

资产配置是一种管理投资组合的基本方法，不仅可以帮助你实现长期目标，而且能抚平成功路上的颠簸。几十年来，这一方法得到了发展、应用、改进，并且被越来越多的人证明是有效的。这些人中间有杰出的和成功的学者、研究员、投资组合战略家、投资经理和个体投资者。

多年来，实践这一方法的人在全球资产市场中得到了资产配置的切实好处，获得了超过平均水平的收益。同时跟很多其他的投资方式和途径相比，这种方法所承担的风险要少。所幸的是，很多投资界和研究投资理论的学界巨人们愿意慷慨分享他们的想法、理念和方法，这样你就能利用它们为自己创造利润。

推荐序 二

向巴菲特学习资产配置的艺术

2000年,我受邀为一位30岁的大型网络公司创始人兼CEO,以及他50岁的CFO提供投资建议。我建议这位CEO把一部分股票转换成多元化的资产,但他一口回绝:"我那20亿美元的资产净值马上就会变成100亿美元,你等着瞧!"

然而CFO的反应则与CEO完全不同,虽然这位CFO的股份只有CEO的1/5,但是他非常认真地听取了我对资产配置重要性的总结,回答道:"我们必须将所有的钱合理分配,要有国内和国外的股票、债券、房地产、商品、贵金属、有限合伙企业(master limited partnerships)、对冲基金、期货、通货膨胀挂钩证券(inflation-linked securities)和现金。我想把握这次发大财的机会。目前像我这样的会计不可能坐拥几千万美元!"

结果你也许猜到了。随着科技股的下滑和崩溃,这位伊卡洛斯式的CEO的金翅膀融化了,他从天上掉到了地上,而那位CFO因为合理配置了资产,现在的财富远远在他之上。

为什么会这样？简而言之，就是因为资产配置。在《巴菲特资产配置法》中，我将向投资者介绍富人们采用的资产配置技巧，介绍他们如何在市场的沉浮中保持富足。

几百年来，人们不断地创造财富、保持财富，但也失去财富，有人认真关注并且领悟了资产配置的真谛，也有人对此置之不理。

从《旧约》中的约瑟夫到希腊人、罗马人、威尼斯人、西班牙人和其他国家的人，再到巴林家族、罗斯柴尔德家族，一直到现代的阿斯特、洛克菲勒、卡内基、杜邦，以及现在两位谷歌创始人拉里·佩奇和谢尔盖·布林、甲骨文公司创始人劳伦斯·埃里森、赌场大亨谢尔登·阿德尔森、Facebook创始人马克·扎克伯格，还有比尔·盖茨和巴菲特。他们聚集、增加和积累财富，然后采用资产配置的核心理念：多元化、再平衡、风险管理和再投资来保持财富。也是基于同样的原理，一些金融帝国的崩溃和财富的流失，是因为家庭或国家过于关注单一资产，加大了资产风险。

资产配置的内容还包括再平衡、亏损控制以及谨慎选择投资经理等。哈佛大学、耶鲁大学、普林斯顿大学、巴黎圣母院、得克萨斯大学、斯坦福大学，以及其他很多大学、机构的捐赠和家庭财富之所以能保持和增长，背后的推动力就是资产配置。

存钱并不安全，买房也不是唯一

几十年来，资产配置在积累、保护和传播财富方面功不可没。现在，人们通过互联网可以接触到更广泛的信息，有像交易型开放式指数基金（exchange traded fund，简称ETF）这样新型和价格低廉的金融手段，还有便于使用的软件和投资组合优化工具。

以前只有富人和聪明人才能进行资产配置，但现在每个人都可以轻松做到。对无数个体投资者来说，资产配置不但是一件好事，而且至关重要，他们将投资责任从以前明确受益的保障养老金计划转移到必须由自己承担责任的个人退休账户

（IRAs）以及401（k）计划上去。

借用橄榄球的术语："进攻赢得球赛，防守赢得冠军，优质球队赢得超级碗。"资产配置体现了以下三种原则：

1. 赚钱。

2. 不输钱。

3. 形势反常或资本过于集中时进行重新平衡。

几年前，一位证券经纪人把我推荐给一对年轻恋人，他们在女方父母家里看电视，突然发现自己中了彩票，有好多钱！几家经纪公司和投资经理让他们把大部分现金购买房产和地产股，因为2004—2005年时，全国房价每年都上涨将近15%。我劝他们不要那样做！做出正确的资产配置需要做好以下简单的五步：

步骤1：了解你自己，包括你的偏见、优点、缺点、思维方式和心理状况。

步骤2：判断你是否能胜任这件事，还是应该聘请投资经理。我们有些人能修好漏水的水池，而有些人只会帮倒忙。

步骤3：形成一个框架（见这本书的第12章），客观评估你将要使用或利用的资源。

步骤4：取得他人的帮助，你需要一个可靠、公正、热心、充满生活智慧和金融远见的帮手。

步骤5：制定一份计划，并强迫自己定时检查。

那对恋人后来结婚了，婚礼非常隆重、体面。他们没有将自己所有的现金用来购买房产，而是明智地将资产分散化，构建成一个组合，综合了国内和国外的资产以及不同的投资管理方式。我很高兴地告诉大家，他们的生活、投资组合和家庭都前景光明。

无论是看电视、浏览网页上的博客，还是阅读商业类图书，你会发现大多数理财专家都在推广他们个人的致富途径：商品、小盘股（small-cap stocks）、对冲基金、金矿股等，应有尽有。资产配置根据你的个人情况、市场前景和世界形势帮助你判断、平衡和综合很多不同的投资方式和选择经理人。

资产配置中没有确保成功的万能公式。因为人的参与，资产配置变成了一门艺术。

让耐心、视野、灵活性、好奇心和高情商成为你的忠实盟友。你应该努力培养这些品质，让它们始终陪伴你。这就好比一身定做的西服，你运用的面料和其他人的一样，但是你的剪裁跟别人不一样，只有你穿着合身。资产配置就是如此。

资产配置——长期投资成功的关键

简单说来，你需要资产配置有三个理由：

1. 资产配置将你的资产变成好几个不同类别的组合，这样不管经济和金融环境如何，其中一些资产总会保持增长，能帮助你创造和增长财富。
2. 资产配置专注于投资组合保护、风险和回报，可以减少损失和控制投资风险。
3. 资产配置利用一定程度的规则引导你面对现实、采取行动，以及再平衡你的长期权重，能磨练你的意志和保持稳定的心态。

资产配置能让你的投资为你服务，而不是让你服务于它。资产配置的成功基于灵活、现实、准备充足和自知之明等个性特点，让你不再总是纠结于少数几种资产或投资方式，虽然它们在一段时间内比较奏效，但总逃脱不了萎缩的命运。不管是商品、政府债券、期货、房地产、现金、垃圾债券、期权，新兴市场股票，还是大盘成长股。

做资产配置决策依赖考量的因素有多元化、资产发展渐趋平均、再平衡以及纯粹的常识。比如，在正常的市场周期中，会出现偶尔的贪婪与恐惧，这种贪婪与恐惧在历史上每个时期的每种市场都出现过。

总而言之，资产配置是保证长期投资成功必不可少的组成部分，而资产配置的成功需要你做到以下几个方面：

- 直面自己（你会在第 7 章了解到这点）。
- 选择一个帮手，他喜欢你，了解你以及你的梦想、希望、恐惧、偏见、讨厌和着迷的事物（他就是你的弗兰克大叔，在第 3 章他会出现，整本书都会有他的踪影）。
- 聘请了解市场、有眼光和懂得投资价值的投资经理。

通过阅读《巴菲特资产配置法》，希望你能在投资上一帆风顺，更上一层楼！

推荐序 三

避免财富缩水的唯一最佳方案

吉姆·克拉默（Jim Cramer）
金融网站 The Street.com 和
《纽约时报》（*The New York Times*）专栏作家
CNBC《我为钱狂》（*Mad Money*）主持人

我可以向你保证，戴维·M. 达斯特是世界上最在行的投资高手之一，但他的能耐远不止于此。他是金融行业的传奇，是无与伦比的指路明灯，是知识渊博的投资导师。换个角度讲，戴维·M. 达斯特熟悉的市场数目比我涉足过的还要多。一谈到投资的点点滴滴，他就是当之无愧的权威人士。

当你在金融超级市场中跌跌撞撞时，他将是你的向导。没有他的帮助，面对错综复杂的选择，你很可能会迷失自己，最后在错误的时机进行错误的投资。

在这个金融超级市场中，没有任何投资能够保证稳赔不赚。换个比喻：你面对无数的投资选择，如何选择正确的投资对象变得非常艰难和令人恐惧，就像在没有向导的帮助下攀登珠穆朗玛峰一样。

当我开始读《巴菲特资产配置法》时，我觉得自己已经胸有成竹。我之前读过戴维的其他书，都非常喜欢，尤其是《资产配置的艺术》（*The Art of Asset Allocation*）：很多专业人士遇到投资难题时都会翻一翻这本书。当我最早和戴维在高盛公司共事时，就对他的《债券全书》（*The Complete Bond Book*）顶礼膜拜，直到现在我仍然认为它是债券领域最好的书。

读完《资产配置的艺术》之前，我一直认为自己对股票市场的运作了如指掌，但读完之后，我意识到了自己的狂妄。戴维解释说，债券市场是其他所有事物定价的基础。无论你是业余人士还是专业人士，这条小提示立分高下，而且你在其他地方找不到这样的真知灼见。我把《资产配置的艺术》一直放在《我为钱狂》节目的桌上，紧挨着我的股价显示器，时刻警示自己不要犯傻，不要只考虑单只股票，而没有为拨打热线电话的听众全盘考虑投资可能性。

但是《巴菲特资产配置法》的内容完全不同：它是我见过关于资产配置方面最通俗易懂的指导书籍。金融投资成功的关键不是挑选股票或产业基金，也不是猜测道琼斯平均指数的走向，而是做好资产配置。这本书应该是每一位非专业投资人士的必读书目，特别是很多对资产配置一知半解的内行人士，尤其应该细细品读。

事实上，即便你对理财兴趣不大，你仍然应该阅读《巴菲特资产配置法》，因为戴维在这本书中提到的策略适用于每一个人，不管你是想增加财富，还是仅仅想保持财富。

这更像是一个选择：你想赔光自己的资产，还是想保护自己的财富。前者不用理会戴维的观点，后者从现在开始就应该用心聆听他的指点！

资产配置的回报不仅仅是更多金钱……

关于保护财富的图书泛滥成灾，要么不值一读，要么十分晦涩，但是《巴菲特资产配置法》跟那类书截然不同。为什么这么说？因为戴维是一位优秀的老师。我对此有切身体会，戴维是我在高盛遇到的第一位真正的老师。

这里不得不提一下戴维以前的另一位学生艾迪·兰伯特（Eddie Lampert），一位业绩杰出的对冲基金经理。戴维在艾迪读高中的时候就把他招进公司，那时的艾迪还是一个毛头小子。在那个时候，戴维一边反复跟我们讲解基本知识，一边教我们诗歌和文学。几十年过去了，他仍然乐此不疲，将威廉·巴特勒·叶芝（William Butler Yeats）和罗伯特·弗罗斯特（Robert Frost）的诗歌融进他的投资建议和阐述中。

就像是为文学专业学生开设的投资课，我很喜欢这种风格。他让投资变得饶有趣味，让必备常识变得妙趣横生！另外，戴维知道如何让他的比喻发挥功效，他这一能力超乎你的想象。在华尔街，很多所谓的专家用晦涩的语言描述实际上很通俗的概念，非但不引导你，反而宁愿让你听不懂而不得不依赖他们的帮助。每次戴维在解释复杂或高深的词语时，会用易于理解的橄榄球术语打比方。

这本书不仅丰富你的知识，而且增强你作为投资者的能力。例如，戴维的这本书有章节是关于如何有效判断基金经理的好坏，笔触非常尖锐。很多人都不敢涉足这一领域，但是戴维身先士卒，知道现在谁离开这行了，谁的档期排满了。没有他的帮助，想要正确评价一位基金经理的好坏，我认为不可能。

书里面有很多非常有价值的建议，但是你不得不读这本书的理由只有一个：良好的资产配置，包括资产多样化（我在电视秀和《我为钱狂》节目中反复提到的必备方略）是避免财富损失的唯一也是最好的方法。即使你认为自己已经了解这些概念，但是相信我，开卷总会有益，我在这方面的知识都是戴维所教，我相信你也会从他那里学到很多。

没有这本书的话，想得到戴维这位智者的建议，你可能需要在高盛或摩根士丹利公司工作很多年，但是现在不用大费周章。戴维对资产配置基本要点的描述富有生活气息，只要一书在手，很有可能某一天你也会成为戴维公司的大客户。

我跟戴维相识30年，对此我深感自豪，而与这位资产配置大师以朋友相称更是莫大的荣幸。细细品读这本书，思考他的见解，你得到的回报将不仅仅是拥有更多的金钱。

就像多年前,第一次在高盛碰到他,我还只是一个踌躇满志的年轻求职者。你选择《巴菲特资产配置法》是正确的,我希望他在 30 年之前就写了这本书,但对金融类的经典著作而言,何时问世应该永远都不算晚。

吉姆·克拉默,美国最受欢迎金融界的投资权威,身兼数职,拥有粉丝无数,不仅是著名财经网站 The Street.com 的联合创始人,美国财经频道 CNBC 的金牌主持人,还是《纽约时报》(*The New York Times*)专栏撰稿人与畅销书作家。他谈论赚钱时总是亢奋而且狂热,《今日美国》(*USA TODAY*)称他为"媒体中最让人兴奋的股评家"。

目 录 CONTENTS

第1章　为资产构筑一道防火墙　1
风险敏感的富人，为何越来越有钱？　2
相比怎么赚钱，持续赚钱要难得多！　4
投资的安全垫：下有保底，上不封顶　7
辛苦打拼的成果不可付诸东流　9

第2章　鸡蛋不放一个篮子里，篮子不放一辆卡车里　15
连《黑道家族》都需要的"配置计划"　16
少赚、不赚、大赚，但绝不能大赔　18
2000—2011年，投资黄金年化收益18.8%　22
避免愚蠢的妙方：先做最坏打算　26

第3章　如果巴菲特这么干，世上便无"股神"　31
谁是你的格雷厄姆与查理·芒格？　32
顺应还是抗拒人性？是一个难题　33
凯恩斯：对抗"非理性"很不理性！　35

/ 第 4 章 / **"私人订制"的投资组合不是更好吗?**   39

组合要与个性、需求相符   40
还要匹配不同动机、情感   41
"资产配置钟型图":把握更佳资产机会   44
装修房子映射出的投资个性   48

/ 第 5 章 / **不管有什么梦想,都需要把它们化整为零**   53

除非是杰·雷诺,否则都需要"具体目标"   54
J.P. 摩根:唯一不变的是,市场还会变   56
长期可赚 10%,短期上涨或下跌 20% 都有可能   58
"他希望投资组合能提供收入安度晚年。"   65

/ 第 6 章 / **着眼大局,也要走好脚下每一步路**   71

同样起点,差距缘何达 7 倍?   72
战略性资产配置:长期主义   74
战术性资产配置:均值回归   78
沉迷高额存单,可能错过两次牛市   79

/ 第 7 章 / **吃透自己对投资的热衷程度**   85

女儿还穿着尿布,你却为她投资货币基金……   87
税前收益至少要 5.72% 才好生活   88
"生理寿命"不同于"收入寿命"   91
巴菲特的言论总比小道消息可靠些吧?   94

/ 第 8 章 /　树长不到天高，天也不会塌下来　99

"回归月球"还是"回归痛苦"？　100
68% 的情况下，REITs 收益率在 31% 和 -3% 之间　102
资产类别超过 15 种，多元化特征便不明显　105
1926 年投资标普 500 到 2011 年翻 3036 倍　107

/ 第 9 章 /　别人感情用事时，你发财致富的机会来了　113

数字会在心理学作用下扭曲　115
行为金融学：为"聪明人"开创的一门课　118
买领带考虑了 8 周，满仓仅用 8 分钟……　121

/ 第 10 章 /　你需要为每匹马找到合适的骑师　125

平庸与优秀之间收益差 5%—20%　126
哈佛财务主管："你不但要发现真相，还要直面真相。"　129
如果小盘股基金经理建仓 IBM，那么你可以考虑解雇他　134

/ 第 11 章 /　投资组合需要配备多少保护性资产？　139

兴趣周期图：保护投资组合　140
"出售别人财产的人，要么归还要么进监狱。"　142
金融风险中，常规组合亏 30% 但保护组合可赚 40%　144

第12章 / "生命周期投资"的三块基石 — 149

人力资本曲线对阵财力资本曲线 — 150
合适的指引比黄金都贵重 — 152
蒙特·卡罗模拟法：实现目标的强大工具 — 155

第13章 / 少就是多 — 161

巴菲特屡次建议：认识你自己 — 162
如果懂得中国崛起的意义，肯定获利颇丰 — 165
听信"新范式"，损失难以估量 — 166

第14章 / "如果知道自己会死在何处，我将永远不去那里" — 171

通往地狱之路是用鲜花铺成的 — 172
恐惧和贪婪：推动金融市场的情感力量 — 176

第15章 / 捧起财务自由的圣杯 — 181

显然在中国投资的想法更令人兴奋 — 182
认识老板会从员工那里得到更好的服务 — 184
成功投资的诀窍之一：大量阅读 — 187

资产配置深度评测清单 1	**195**
资产配置深度评测清单 2	**197**
资产配置深度评测清单 3	**199**
术语表	**201**

第 1 章
CHAPTER 1

为资产构筑一道防火墙

资产配置可能看起来复杂，但它真正要做的就是构建一个资产组合，其中的各项资产能够通力合作，让你的投资目标更加可行。

THE LITTLE BOOK THAT STILL SAVES YOUR ASSETS

风险敏感的富人，为何越来越有钱？

2008年年初，当这本书的第一版面世时，谁也没有预想到后来会经历过山车般的惊险之旅：各国的经济、企业、金融市场、银行、政府、普通储蓄者、工人和退休者全都身在其中！

整个2008年，市场不景气、大批员工下岗、贷款损失、资产价值缩水、信息更新加速等形势极度不稳定，这些状况极大地考验国内及国外投资者、管理者、政府和主流评论员的耐心和决心。

2009年3月，就在全球经济即将要进一步滑入深渊时，各国政府采取了行动，将许多市场联合起来，经济总算稳定了一些，开始进入一个时断时续、缓慢迂回的复活期。直至今天，人们仍然在争论经济是否已经触底，一个持续增长的牛市是不是就要到来。如果要实现这种设想，就需要达到以下几点：

- 债务和杠杆比率降低到可控的水平。
- 政府配合主要银行坚定不移地解决经济发展中的不平衡状况，包括银行储蓄、消费、赤字、债务、社会津贴、货币价值等方面。

第1章
为资产构筑一道防火墙

- ◆ 改变旧的思维方式和行为,以适应技术、全球化和人口的发展现状。
- ◆ 开展有意义的结构调整。

过去几年人们感觉全球经济好像摇摇欲坠。在这纷乱、艰难、动荡的时期,我收到了很多电子邮件、信件、电话、传真,甚至有人登门拜访!经常是一些感到苦闷、困扰,甚至情绪失控的投资者和金融顾问想要寻求安慰和指引。也有很多人向我传达了另外一种信息。

在这些信件中,有波士顿70岁的遗孀、圣安东尼奥的退休主管、奥兰多的年轻夫妇、巴西的农场主,还有加利福尼亚州的生物技术企业家。他们都表达了这本书给他们带来的帮助以及感激之情。因为这本书在最近的金融风暴中保护了他们的投资组合免受损失。这本书在经济快要周期性上扬时,让读者在绝望中坚持不放弃。他们每个人用独特的方式表达了自己如何理解、消化和运用这本书中的3条主要原则,有效避免灾难和继续奋斗。这3条主要原则如下:

- ◆ **投资组合足够多元化**。基于同一经济形势各资产收益不同。
- ◆ **合理再平衡**。出现价格大变动后,资产权重根据战略性资产配置目标变动。
- ◆ **积极的风险管理**。可以采取防御策略,如持有更多现金,减少持有受经济波动影响较大的资产;也可以主动进攻,如增加高保值且有固定收益的证券资产。

相比怎么赚钱,持续赚钱要难得多!

在 2008—2011 年动荡的金融市场中,投资者必须有出色的表现才能渡过难关。这 4 年里,尤其是 2008 年,金融体系极度不稳定,银行破产、国家救助和政府挽救措施是主要特征。表 1.1 列出了 2008 年全球主要金融事件。

表 1.1 2008 年全球主要金融事件

时间	事件
2008-03-16	政府出面救助贝尔斯登
2008-07-11	印地麦克银行破产
2008-09-07	政府接管房利美和房地美
2008-09-14	美国银行收购美林证券
2008-09-15	雷曼兄弟破产
2008-09-16	美联储注资美国国际集团
2008-09-16	美国货币市场共同基金资不抵债货币市场基金赎回风波
2008-09-25	美国储蓄机构监理局勒令华盛顿互惠银行停业
2008-09-29	美国众议院以 228 比 205 的票数反对 TARP 救市法案,导致标普 500 指数一天内下跌 8.8% 至 1 106 点
2008-10-03	国会通过 TARP 救市法案
2008-11-23	政府特殊救助花旗银行的一揽子计划
2008-12-10	披露麦道夫的"庞氏骗局"

在接下来的 2009 年里,美国和中国出台了大量的财政和货币刺激政策,改变了行之已久的银行资产核算规则,对大型金融机构进行压力测试,以及美联储的量化宽松政策。表 1.2 列出了 2009 年全球主要金融事件。

表 1.2　2009 年全球主要金融事件

时　间	事　件
2009-02-17	美国通过 7 870 亿美元财政一揽子刺激计划
2009-02-25	针对 19 家银行进行压力测试的声明发布
2009-03-18	美联储宣布实施量化宽松政策
2009-03-23	中国通过 5 850 亿美元经济一揽子刺激计划
2009-04-02	美国财务会计准则委员会（FASB）制定金融机构的按"市值计价"会计准则草案
2009-04-30	克莱斯勒公司破产
2009-06-01	通用汽车公司破产
2009-10-20	新当选的希腊政府透露财政赤字占 GDP 的 12.5%，而不是 3.8%
2009-11-25	迪拜世界集团宣布，由于资金困难，他们提议延期偿还债务

2010 年，投资者面临着希腊和爱尔兰的财政救助一揽子计划、建立针对欧元区国家的几千亿美元的欧洲金融稳定基金、墨西哥湾的原油泄露、美股"闪崩"、美联储的第二轮量化宽松政策和美国国会通过的进一步财政刺激措施。表 1.3 列出了 2010 年全球主要金融事件。

在 2011 年里，投资者见证了很多国家的政权大变动，包括突尼斯、埃及、爱尔兰、葡萄牙、希腊和意大利等；还有日本发生 9.0 级大地震；针对希腊的第二轮救助一揽子计划；标准普尔评级公司下调美国的信用评级；欧洲中央银行给其他银行为期 3 年总额为 4 900 亿欧元的低息贷款。表 1.4 列出了 2011 年全球主要金融事件。

表1.3 2010年全球主要金融事件

时　间	事　件
2010-03-24	国会通过标志性的医疗改革法案
2010-04-20	墨西哥湾马孔多原油泄漏
2010-05-02	欧盟和国际货币基金组织（IMF）出台了为期3年总额为1 100亿欧元的希腊救助一揽子计划
2010-05-06	美股"闪崩"
2010-05-09	建立欧盟5 000亿欧元稳定基金，IMF额外拨款2 500亿欧元
2010-11-03	美联储实施第二轮量化宽松政策
2010-11-22	爱尔兰接受IMF和欧盟850亿欧元的救助一揽子计划
2010-12-18	美国推出财政刺激政策，包括减税、发放下岗补贴、减少个人一年工资税及其他措施

表1.4 2011年全球主要金融事件

时　间	事　件
2011-01-14	突尼斯总统本·阿里辞职
2011-01-22	爱尔兰首相布莱恩·科恩辞职
2011-02-11	埃及总统侯赛因·穆巴拉克下台
2011-03-11	日本9.0级大地震
2011-03-23	葡萄牙首相何塞·苏格拉底辞职
2011-07-22	希腊第二轮财政救助一揽子计划，其中1 090亿欧元来自公共部门，500亿欧元来自民营部门债券持有人
2011-08-05	标准普尔评级公司将美国长期债务指数从AAA下调到AA+
2011-10-31	全球曼氏（MF Global）破产
2011-11-09	希腊首相乔治·帕潘德里欧辞职
2011-11-12	意大利首相西尔维奥·贝卢斯科尼辞职
2011-12-08	欧洲中央银行发放长期再融资操作（LTRO）3年低息贷款，首次贷款额为4 900亿欧元

第1章
为资产构筑一道防火墙

图 1.1 人类状况的构成要素

投资的安全垫：下有保底，上不封顶

表 1.5 体现了主要金融事件带来的影响，将市场细分成 24 类和子类资产的投资状况。这些指数在 2008 年的收益情况：标普 500 指数为 –37.0%，摩根士丹利资本国际新兴市场指数是 –53.2%，瑞士信贷银行高收益债券指数是 –26.2%，HFRI 对冲基金加权综合指数是 –19.0%。因此，一些所谓的行家断言：在 2008 年的金融风暴中，没有一处避风港。与之相矛盾的是，从投资组合保护、救助金和收益率上看，为期 10 年的国库券收益率提高了 20.3%；巴克莱商品交易顾问（The Barclay commodity trading advisor）期货指数上涨 14.1%；汉迪－哈曼现货黄金（Handy & Harman spot gold）

上涨5.8%；巴克莱综合债券指数（The Barclays aggregate bond index）上涨5.2%；为期90天的美国国库券上涨1.9%。

接下来的2009年，情况又不一样。支持多元化资产、再平衡和风险管理原则的投资者不仅在2008年经济下滑时减少投资组合的损失，而且在2009年和2010年经济上行时能够承担资产价格风险。《圣经》有云："在后的将要在前，在前的将要在后。"金融危机下不全都遭殃。在2008年收益丰厚的10年期国库券在2009年总收益率为−9.9%，而巴克莱商品交易顾问（Barclay CTA）期货指数的收益率仅为−0.1%。相较之下，2008年的很多大输家在2009年变成了大赢家：MSCI新兴市场指数强势回归，收益率为+79.0%，瑞士信贷银行高收益债券指数为+54.2%，标普500指数为+26.5%。2010年，MSCI新兴市场指数总回报是+19.2%，瑞士信贷银行高收益债券指数为+14.4%，标普500指数为+15.1%。表1.5还有几点值得指出：

第一，包括股息在内，标普500指数从2002—2011年复合年均增长率（compound annual growth rate，缩写CAGR）总收益率为2.9%，是表1.5里所有资产中除90天国库券之外，收益最低的。标普500指数2002—2011年的收益标准差（第8章会介绍这种收益波动计算标准）是20.5%。2002—2011年复合年均增长率排名倒数第二的是MSCI日本指数，年均+3.0%。

第二，2002—2011年，收益最好的是MSCI拉美指数，复合年均增长率为18.9%，但是年收益标准相差为47.7%。而拉美股票的收益波动从2008—2011年中的变化可见一斑：分别为−51.3%、+104.2%、+14.9%、−19.2%。MSCI拉美指数和标普500指数在

第 1 章
为资产构筑一道防火墙

2002—2011 年中的资产收益相关性（第 8 章会详细介绍这种计算方法）较高，达到了 0.87。排名第二的是汉迪 - 哈曼现货黄金，复合年均增长率达 18.8%。

辛苦打拼的成果不可付诸东流

遇到 2008—2011 年这样的动荡环境，投资者如何应对收益波动和金融市场乱象？以下提供了一些信息可供参考：

- 有了 CNBC、黑莓、安卓、iPhone、YouTube、Facebook、博客和推特，世界的时间像是被压缩了。
- 市场通常会随观念变化，而不是随着基本面变化。
- 相比投资市场"从极坏走向较坏"，"从良好走向极好"可能会让投资者获利更多。
- 价值、风险是与价格共存的：价格合适时，高风险资产更安全；价格不合适时，高品质资产风险更大。
- 流动性通常会走在经济形势之前，加速证券价格变化。
- 2000—2002 年和 2008—2009 年熊市心理作用仍然残留。
- 投资者既担心入市，也担心出市。
- 投资趋势意外上行取决于市场信心、增长趋势、盈利或支持性的政策措施等因素。
- 投资趋势意外下行取决于外部冲击、内部失衡或政策失误等因素。
- 有些影响因素会长期存在：债务、赤字、美元汇率、衍生工具和人口统计。
- 风险资产价格长期探底取决于强制评估、社会剧变和结构性改革。

表1.5 不同投资的收益状况（单位：美元）

年 份 市场指数	2008	2009	2010	2011	2002—2011 （10年复合年均增长率）	2002—2011 （标准差）	2002—2011 （标普500相关系数）
标普500指数	−37.0%	+26.5%	+15.1%	+2.1%	+2.9%	20.5	1.00
标普500平均加权指数（RSP）	−39.7%	+46.3%	+21.9%	−0.1%	+6.3%	25.6	0.97
MSCI 加拿大	−45.5%	+56.2%	+20.5%	−12.7%	+11.1% #9	31.6	0.92
MSCI 欧洲	−46.4%	+35.8%	+3.9%	−11.1%	+4.4%	27.1	0.94
MSCI 日本	−29.2%	+6.3%	+15.4%	−14.3%	+3.0%	19.6	0.78
MSCI 澳大利亚	−50.7%	+76.4%	+14.5%	−11.0%	+12.8% #6	34.6	0.89
MSCI 新兴市场	−53.2%	+79.0%	+19.2%	−18.2%	+14.2% #5	38.1	0.88
MSCI 拉美	−51.3%	+104.2%	+14.9%	−19.2%	+18.9% #1	47.7	0.87
MSCI 欧非中东	−55.6%	+68.1%	+23.8%	−20.2%	+14.4% #4	36.4	0.85
MSCI 亚洲新兴市场	−52.8%	+74.2%	+19.4%	−17.3%	+12.5% #7	36.4	0.87
固定收益							

第1章　为资产构筑一道防火墙

(续表)

年 份 市场指数	2008	2009	2010	2011	2002—2011（10年复合年均增长率）	2002—2011	2002—2011（标准差）	2002—2011（标普500相关系数）
巴克莱综合债券指数	+5.2%	+5.9%	+6.5%	+7.8%	+5.8%		2.2	-0.38
瑞士信贷银行高收益债券指数	-26.2%	+54.2%	+14.4%	+5.5%	+9.1%		20.5	0.84
10年期国库券	+20.3%	-9.9%	+8.1%	+17.0%	+6.6%		9.0	-0.82
JPM 美国国外债券	+11.4%	+3.9%	6.8%	+5.9%	+7.7%		7.7	-0.06
JPM 新兴市场债券（EMBI）	-9.7%	+26.0%	+11.7%	+9.2%	+11.6%	#8	10.5	0.79
可替代/绝对回报投资								
NAREIT 房地产投资信托基金	-37.7%	+28.0%	+28.0%	+8.3%	+10.2%	#10	24.4	0.84
Alerian MLP 指数	-36.9%	+76.4%	+35.9%	+13.9%	+15.5%	#3	30.1	0.91
HFRI 基金权重综合指数	-19.0%	+20.0%	+10.3%	-4.6%	+5.9%		11.9	0.93

11

巴菲特资产配置法
THE LITTLE BOOK THAT STILL SAVES YOUR ASSETS

(续表)

年 份 市场指数	2008	2009	2010	2011	2002—2011 （10年复合年均增长率）	2002—2011 （标准差）	2002—2011 （标普500相关系数）
HFRI 对冲基金中的基金	−21.2%	+11.5%	+5.7%	+5.2%	+3.3%	10.3	0.85
巴克莱 CTA 管理期货	+14.1%	−0.1%	+7.1%	−3.2%	+5.4%	5.5	−0.58
汉迪－哈曼现货黄金	+5.8%	+24.4%	+29.5%	+10.1%	18.8%	9.3	0.37
巴克莱财政部通胀保值债券	−2.4%	+11.4%	+6.3%	+13.6%	+7.6%	5.8	0.21
巴克莱全球通货膨胀保值债券	−7.7%	+13.2%	+3.9%	10.7%	+8.6%	8.4	0.39
现 金							
90天期国库券	+1.9%	+0.2%	+0.1%	+0.1%	+1.9%	1.8	−0.11

注释：列举10年复合年均增长率年总收益相关指数数据来自MSCI 中国，+15.2%；上证指数，+2.9%；MSCI 印度，+16.3%；孟买 Sensex，+16.8%。
数据来源：康桥汇世投资顾问公司（Cambridge associates）LLC，罗素投资（Russell investment），对冲基金研究中心（hedge fund Research），巴克莱贸易集团（Barclays trading group），摩根士丹利研究中心（Morgan Stanley & Co.LLC reasearch），摩根士丹利资本国际（MSCI Barra），FactSet 研究系统（FactSet），摩根士丹利投资战略（Morgan Stanley investment strategy）。指数都没有托管。投资者不能直接依据一个指数来进行投资。指数只是用作说明之用，不代表任何具体投资的发展情况。指数收益不包括开支或销售费用。过去的投资收益不能保证将来的投资结果。

可以在动荡中保卫你财富的 3 条原则：足够多元化的投资组合、合理再平衡、积极的风险管理。

做好资产配置的投资者不仅能在 2008 年经济下滑时减少投资组合的损失，而且在 2009 年和 2010 年经济上行时能够承担资产价格风险。

巴菲特资产
配置箴言

第 2 章
CHAPTER 2

鸡蛋不放一个篮子里，篮子不放一辆卡车里

资产配置的重要意义不仅在于能找到有升值空间的资产，而且要使投资组合中各种资产有不同的发展趋势。

THE LITTLE BOOK THAT STILL SAVES YOUR ASSETS

连《黑道家族》都需要的"配置计划"

美剧《黑道家族》中有一集的情节如下：托尼·索普拉诺劝妻子用房地产收入投资一个志在必得的项目。妻子问他为什么不用自己多年的积蓄。托尼说他手头的现金是为了应对不时之需，而其他的资产都用作"资产配置"了。不管我们有没有意识到，我们每个人都有个"资产配置计划"，就连美剧中的角色也不例外。在这本书中，我想告诉大家怎样根据自己的性格、目标合理配置资产。

我们首先需要了解什么是"资产配置"，以及它多年的发展历程。我第一次接触到这个概念还是在20世纪80年代，那时资产配置还只是限于国际投资，特别是金融市场完善的日本和欧洲，它们的市场运作方式与美国截然不同。中国开始对外开放，日本正在崛起，而美国当时正在利用外国的股票、债券和现金获得更大的收益。通过多元化的投资，我们可以不依赖特定一种投资种类，从而更好地达到自己的目标。

在20世纪90年代，资产配置的领域开始拓宽。人们做了一

第 2 章
鸡蛋不放一个篮子里，篮子不放一辆卡车里

些新的研究，开始以全新的视角看待市场和投资组合，单纯购买共同基金已经不能满足我们对资产配置多元化的要求。我们开始关注投资领域中的"大盘"或"小盘"，以"增长型"或"价值型"来划分基金经理的风格，在投资组合中寻求风格和资本增值的平衡。之后的10年里，选择基金经理和风格成为多样化配置投资组合的重要工具。

进入20世纪90年代后期，投资领域开始出现了一种非常奇怪的现象。随着互联网的发展和通信越来越便捷、高效，世界的距离在缩小。资产配置的重要意义不仅在于能够找到有升值空间的资产，而且要使投资组合中各种资产有不同的发展趋势。如果投资组合中有的投资因为金融或经济事件贬值，而其他投资因为同一事件升值，那么这将是一件很令人欣慰的事。

我们把这种现象称为"非相关性"（noncorrelation）。这是这本书从始至终都强调的一种投资方式，是合理配置资产的一个非常重要的部分。在20世纪80年代至90年代早期，你一般只要持有国际股票或债券就可以做到合理配置资产：日本的股票一般随着日本的大事件波动，欧洲的股票仅随欧洲新闻动态波动，而且通常有别于美国股票的发展趋势。

随着2000年的到来，经济全球化趋势加强，很多影响福特汽车的宏观经济政策和因素同样影响着宝马汽车和丰田汽车。以前，所有的鱼都朝自己想去的方向游，但是当世界变小时，所有的鱼都会聚集起来，朝同一方向游。进入21世纪，为满足投资者多样化配置资产的需求，新的工具应运而生。投资组合开始纳入一些新成员：黄金、商品、房地产投资信托基金（real estate investment trusts)、有限合伙企业、通货膨胀挂钩证券、管理期货和某些对冲基金。它们成为根据不同的事件产生收益的重要工具。

我们开始关注资金管理的不同方式，不再像过去那样只是买入股票和债券，我们开始通过合并套利（merger arbitrage）、卖空等策略来完善我们的投资组合，并达到期望的回报。

少赚、不赚、大赚，但绝不能大赔

归根结底，资产配置的核心就是寻找非相关性。可以用橄榄球的术语来解释：为了在投资中获胜，我们需要一个表现均衡的团队。当经济形势好的时候，我们的投资组合中需要有能主动出击的资产；当经济形势不佳的时候，我们的投资组合中需要强有力的"防御型"资产。

优秀的橄榄球球队需要好的射手在射门后扭转形势，同样，不管经济形势如何恶劣，我们也需要一些能有稳定额外收益的投资项目。为了取得胜利，我们必须做好游戏中的每个细节。建立一个健全的资产配置计划是我们组建团队的开始。

橄榄球球队在组队之初会对它的队员进行评估，同样，为了形成投资计划，我们必须对你有一个清晰、明确的了解，了解你的目标、经济状况，更重要的是了解你的行为和个性特点。我们必须大致知道哪类投资，如股票、债券、现金、商品或房地产适合你。一旦我们获得需要掌握的信息，了解了每名队员的天赋和才能，我们就需要形成和遵从游戏规则。我们必须形成一个多元化的投资组合，当组合中有的资产表现低迷时，某些资产也能够有所回报。

第 2 章
鸡蛋不放一个篮子里，篮子不放一辆卡车里

一旦游戏开始，我们就需要时常检查投资组合，看是否需要削减某些增长太快的投资，或者明智地增加其他暂时贬值的良好投资。优秀的橄榄球球队教练总是放眼全局，预想可能会出现差错的地方，我们也应该这样，时常琢磨各种各样的风险会对我们的投资产生什么影响，然后采取行动以求减少或抵消这些风险带来的亏损。

在很多方面，今天的投资者是幸运的。过去15年里，我目睹了投资产品和投资信息的大爆炸。现在，每名投资者都可以利用以前只属于大投资者和富人阶层的投资工具，如退休基金、养老保险；电视和广播节目传播大量理财资讯；互联网站和博客、大量文章、书籍和手册提供客观（有时不那么客观）的知识普及和投资建议。

开放式和封闭式共同基金、ETF、存托凭证等新理财工具，让每个人都可以更容易地接触各类资产。这些资产范围包括从小盘股、中盘股到国际股票、债券，再到黄金、白银、通货膨胀挂钩证券，以及专门的投资策略。比如，针对某一工业领域的投资，在价格下降时可以获得收益。

每个人都有接触到所有投资类型、投资策略和风险管理计划的秘密途径。一个充满投资机遇的美丽新世界就在你的家门外，或者就在你桌上的电脑中，你可以充分利用它增加财富，就像那些精明、富有的投资者几十年来所做的一样。

首先，你要决定自己可以自力更生还是倾向于请专家帮忙。你可能擅长挑选特定股票，但是对把握投资组合的全局、未来规划和风险管理毫无兴趣，相反，你可能对挑选股票没有兴趣，对债券感到厌烦，但是你喜欢筹划资产配置。

其次，制定一个游戏计划，你必须明白每名队员能为团队做出什么样的贡献。同样，合理地进行资产配置，你必须知道自己的资产能为自己实现什么目标。增加财富是你在所处的人生阶段和心理状态上最重要的事情吗？比如，如果你还小，想要攒钱上大学，或者为刚出生的孩子攒钱，那么你可能在相当长的时间内都不会动用你的积蓄，而且将来的学费是多少，谁也不知道。

刚生下孩子的父母在未来的20年都可能需要很多钱，因此，这些投资可以标成"激进资本增长型"（aggressive capital growth），你可以把这部分钱投入股市。股票的价格是波动的，短期内价格可能会急剧下降，造成损失，但是经过足够长的时间，它们通常会提供最高的收益。如果你想攒钱3年内买房，你可能就不愿意承受任何短期损失。因此，这些投资需要采用不同的手段来保护主要的价值。

把你的钱想象成你团队的球员。如果是四分卫，那么你当然想要他准确传球和冲锋陷阵。这些年我见过一些非常失望的投资者，其实他们的投资选择非常出色，问题是他们没有根据自己的需求进行资产配置，导致他们的收益受损。

在以下情况，钱还没有大幅贬值之前就应该把它们从股市中撤回来：发展势头良好的债券被不当地用作长期投资；货币市场账户被不当地用作退休基金。光是选择好的投资种类是不够的，你还必须有选择最好投资的最好理由。

我们已经有了游戏计划，并且知道了每名队员该做的贡献。现在我们必须观察我们所处的现场环境，在游戏进行过程中天气

第 2 章
鸡蛋不放一个篮子里，篮子不放一辆卡车里

状况会怎么样。如果我们制定的游戏计划跟投球有关系，而现在正在刮风下雨，那么我们就需要对计划做出一些调整。投资也是这样：我们需要考虑到可能会面临的经济、金融、政治和地缘环境。当然，就算是经济学家，他们的意见也会不一致，而且对将来的预测总是充满变数，但你确实需要保持警惕，考虑可能什么地方会出问题，从而及时规避。

国内和国际经济将会进入上升、停滞还是下降的时期呢？金融市场到底是有利于开展投资，还是处在混乱、动荡和高度不稳定之中呢？

当下的政治潮流，如税收、监管和公众观念是否有利于投资？各个国家和地区是在相互合作，还是相互对抗？所有这些背景条件都可能影响你做资产配置的决定，决定你对股票、债券、现金、商品、房地产或其他种类的资产是持有还是撤资。

如果你选择进攻策略，为了利用有利的经济环境果断而大手笔地投资，那么你的投资战场上可能需要某些战将，如国内和国际股票、高收益债券、房地产或商品。

而另一方面，如果你采取的是防御策略，那么你的战将中可能大部分是高级债券（high-grade bonds）、现金、管理期货，可能还有通货膨胀挂钩证券。你会起用哪些战将取决于你的投资风格、投资状况和个人情况。

选择最好的投资固然重要，但是生活的环境我们无法选择，也不能抛在脑后，当今世界和全球经济都在飞速变化。当经济形势发生变化时，当你的投资增值或贬值时，当你的货币和个人情况随时间发生改变时，你需要重新评估投资组合并且调换战将。

表 2.1 广义资产类别

广义资产类别	代表示例	估值决定因素
资本资产	权 益	主要通过现金流的资本化产生其长期价值
	固定收益证券	
	房地产	现金流来自于当前或预期的分红、利息和最终价值的支付
消费或交易资产	能源产品	主要由供需关系决定其估值
	谷物和软商品	
	基础金属	
	牲 畜	
价值储藏资产	艺术品和古董	主要由投资者的心理和喜好决定其估值
	货 币	
	珠 宝	
	金 属	

资料来源：罗伯特·J.格里尔 1997 年冬在《投资组合管理期刊》(*Journal of Portfolio Management*) 发表的《到底什么是资产？》(*What Is an Asset Anyway?*)。

2000—2011 年，投资黄金年化收益 18.8%

资产配置最重要的基本因素之一是多元化。在我看来，这是所有投资活动中最容易被滥用和误解的部分。真正的多元化意味着拥有好几种典型的资产。它们在不同的经济环境中表现各不相同：有些投资可能会在高通胀的环境中一路凯歌，如商品和贵金属；而其他资产可能会在反通货膨胀或通货紧缩的环境中遥遥领先，如政府债券。

根据经济形势和投资者的思维方式，通常比较合理的是至少拥有一种或几种资产种类。我见过太多投资者犯这样的错误：他们其实只是持有几种价格同时上涨或下降的资产，就以为自己的投资组合足够多元化。我曾经给一位男士做投资顾问，他认为自己的投资组合是多元化的，因为他持有很多股票。但是当我看到他的股票清单时，我发现他只是拥有不同类型的民用航空公司和

第2章
鸡蛋不放一个篮子里，篮子不放一辆卡车里

像 UPS、联邦快递这样的物流公司的股票。他之前了解到保持投资组合多元化的途径就是拥有大量股票。他来自运输行业，并且认为这个行业的发展趋势很好，因此，他将货运和船舶公司股票都纳入投资组合。

猜猜结果怎样？这个投资组合一点都不多元化。同样的经济事件对他持有的所有股票有着同样程度的影响。比如，油价上升对他整个投资组合会产生不利影响。当我与来自世界各地的投资者见面或与金融顾问交谈时，我发现这一问题非常普遍。我见过有的投资者拥有 6 种不同的共同基金，就理所当然地认为自己投资组合是多元化的。如果它们是比较热门的大基金，投资者可能持有的只是某一基金中的很多同类股票，那么所有的股票都会因为同一事件产生同样的反应。在 20 世纪 90 年代后期，很多基金拥有的是同一互联网和科技股票。

在 2007—2008 年，很多基金拥有金融和房地产股票。投资者购买的这类基金越多，他们的资金风险就会越大，首先会碰到网络泡沫，其次会遭遇房地产泡沫，这些投资组合并没有实现真正意义上的多元化。

多元化不仅能够使你的投资组合少受波动，而且能够让你对市场的反应更稳定。投资史中遍布不注重多元化而导致大灾难的例子。我们可以一直追溯到 20 世纪 70 年代，当时的经济形势还不错。排名前 50 的股票，包括宝丽莱（Polaroid）、柯达（Eastman Kodak）、雅芳（Avon Products）、施乐（Xerox），都被称为"一锤定音"的"漂亮 50"（nifty fifty）股，你买入之后便不用理会，因为它们只涨不跌。

很多投资者就是这么做的，然而接踵而至的是石油输出国组织（OPEC）成立、通货膨胀和美国总统辞职。美国人民心灰意冷，投资市场惨淡不堪。随着市场崩溃，损失也不断加剧，人心惶惶，最后，人们在谷底卖掉了自己持有的股票。沃伦·巴菲特是在这片恐慌中少数保持清醒的人之一，买入了那些价格暴跌的股票。当卖家们因慌乱纷纷低价抛售股票时，他紧紧抓住了这次难得的交易机会。1987年10月市场崩溃时，将钱全都投入股市的投资者因为害怕而大肆抛售手中的股票。在这次1987年的抛售之后，耶鲁大学作为一个训练有素的资产配置和多元化实践者，做好了战略性调整的准备，当股票处于历史最低价位的时候，将债券和现金变成股票。在2000—2002年科技股泡沫破灭，很多投资者5年后仍然对科技股泡沫记忆犹新，没有走出过多依赖这种新股票带来的伤痛。

在追逐热门投资的过程中，投资者只看到如彩票般的科技股而忽视了多元化的要求，结果带给自己的只有伤痛，之后又因为过于小心翼翼，错失了2003—2007年股票价格反弹的复苏期。到2006—2007年时，投资者在贪欲、推想和陶醉感的作用下，认为房价永远不会下跌。从2008年一直到2012年后期，标准普尔/凯斯-席勒（S&P/Case-Shiller）20个城市的房价指数下跌了33.9%。

如果把鸡蛋放在好几个篮子里，你受到极端情绪影响的可能性就会降低。你不会因为所有东西好像都在贬值而太沮丧，也不会因为所有东西都在升值而欣喜若狂。这两种极端情绪都可能使你在错误的时间做出错误的决定。

20世纪90年代后期，那些进行资产配置并且努力做到投资组

第 2 章
鸡蛋不放一个篮子里，篮子不放一辆卡车里

合多元化的投资者出售了科技股，而买入了房地产投资信托基金和债券等价格被低估的资产，事实证明他们后来获得了很好的收益。

在 2000—2011 年的 10 年间，购买黄金的投资者获得了 18.8% 的复合年收益率。经常被使用的投资法则"低买高卖"是通过多元化实现的。当投资组合中某些资产价格上升和膨胀到一定比例时，资产配置要求我们出售这些资产，转而买入一些不那么热门的资产或其他资产种类。在资产走低的时候买入，在资产走高的时候抛售。

我们通过投资组合再平衡来实现"低买高卖"这一成功投资策略。建立总投资组合的理想比例，合理配置股票、债券、现金、房地产和其他基于目标的投资，资产配置就像一套导航系统。在前进过程中，投资组合中每项投资的价格和收益会出现不同程度的波动。

如果你的资产配置目标是 50% 的股票和 50% 的债券，即如果投资组合为 100 美元，那么 50 美元是股票，50 美元是债券。一年之后，股票价格翻倍，而债券毫无起色，你的投资组合构成可能会变成 67% 的股票和 33% 的债券，即投资组合的总价值为 150 美元，其中包含 100 美元的股票和 50 美元的债券。为了回到原来 50∶50 的股票和债券比例目标，你需要对资产进行重新配置，使得 75 美元是股票，75 美元是债券。

为了做到这一点，你需要将投资组合中 100 美元的 25 美元股票出售，同时买入额外 25 美元债券。这一过程就是投资组合再平衡。处于低位的资产要加买，处在高位的资产要出售。你可以通过这样两种方法来实现再平衡：一是通过价格；二是通过时间。当资产配置随时间自然达到理想的配置比例时，你可以让投资组合中的不同类别资产经历上升或下降的价格变化，也可以通过这样两种方法来实现再平衡：调整价格或通过时间。当资产结构随着时间推移自然达到预定的比例目标时，在一定时间内，你可以放任投资组合中的各种资产价格上升或下降。

经过给定的期限，投资者对资产结构的配置进行再平衡的调整，旨在恢复原定的资产配置比例。这段期限可以是一年、半年、一个季度或其他时间段，这个期限的确定取决于你愿意在多大程度上参与其中，再平衡的交易费用，以及你对市场和经济的态度。尽管通过时间的做法可能会导致结果与原先设定的资产配置目标有所出入，但是相较于完全按照资产价格变化来调整资产比例的做法，这一方法产生的交易费用可能相对较小。完全按照资产价格变化来调整资产比例的方法也可以实现投资组合的再平衡。

只要投资组合中的资产配置比例有了一定程度的变化，你就立即将其调整为预先设定好的资产配置比例。比如，投资组合的5%、10%或其他比例变化，都可能需要进行再平衡调整。这一再平衡方法原则上是使投资组合与预先设定的配置比例保持一致性，但是同时，这一方法可能需要对投资组合进行实时监控，与通过时间的再平衡方法相比，由于频繁地调整资产配置比例，可能会产生更多的交易费用。

避免愚蠢的妙方：先做最坏打算

投资时进行资产配置还有一个极大的好处。当我们组建投资

第2章
鸡蛋不放一个篮子里，篮子不放一辆卡车里

组合，为满足我们的目标对不同的资产进行取舍时，我们不得不现实地考虑风险问题。我们所说的风险跟健康的饮食一样重要，但很少有人对此有所防备。这样，既然你知道投资有风险，那么你问问自己能承受多大的损失。

你能承受多大风险？根据你的目标你能承受多大的损失？你省下打算购买房子的钱能不能承受现实或可能的损失？对于子女的大学基金，你能接受在多长时间内亏损多少钱？你的退休基金呢？现在你觉得什么是更糟糕的？损失那么多钱，还是不能赚一定数量的钱？资产配置不能确保毫无风险。让我们面对现实，生活充满风险，成功从来不会一帆风顺。资产配置能做的就是迫使你追问和回答一些艰难的问题，这些问题应该能够有助于你建立合理的投资组合，从而有望阻止你在事态特别严重或出乎意料顺利的时候做出愚蠢的举动。

人们常说，由于过于兴奋，投资者在牛市犯的错误比在熊市因为抑郁犯的错误更多。如果你手中持有不同类型的资产，那么在投资过程中，你的资产配置策略会多一层理性色彩，你会问你自己杯子是半满还是半空。数字方面的风险和损失大家都很清楚。一个贬值50%的资产，如从100美元降到50美元，必须增值100%才能与原来的价值持平，从50美元回到100美元。

如果你的投资组合确实很多元化，那么所有的资产价格不会同时朝一个方向变化。资产配置应该抑制一些资产价格下降的总趋势。你不想自己到时求神拜佛，只愿自己的资产增值100%来保本。这样的情况很少见。意识到风险存在并不等于可以消除或避免风险，但你还是该事先考虑自己能承受多大风险、在挑选资产的时候如何权衡安全因素、怎样应对资产损失等问题。面对损失时一些人选择逃避，一些人根本不会动弹，还有些人保持冷静、客观和理性。不管你如何面对损失，资产配置通过事先预估风险和缓和特定资产在投资组合中的总体损失，能增强你的心理承受力。换句话说，通过事先做最坏的打算，不论风往哪边刮，你都不会战战兢兢、弄巧成拙。火灾发生时才试图想出一个逃生路线是不明智的，因为那时每个人都在向出口冲去。

资产配置最重要的优点之一是减少价格波动。这样一来就可以降低你的投资组合风险，因为有些投资发展良好，而有些发展一般，还有些发展不好。但这都没关系。你预估你的孩子大学基金会有一定风险，你能承受投资在标普500指数或新兴市场股票上的一些损失，因为这笔基金是将来用作孩子上大学，接下来的15年内你都用不上这笔钱。这就好像将你的赌注分布在几个球队上，而不是全押在一个球队上。最完美的情况是将赌注押在正确的球队上，你不会将赌注押在一个想去参加超级碗的棒球队上。首先，他们不打橄榄球；再次，他们努力了差不多100年，也没赢得一次冠军！你的投资也应如此。

资产配置可能看起来是一个很复杂的概念，但它本质上就是选择一个投资组合，其中的各项资产能够通力合作，让你的理性目标更加可行。 它不是凭空想象的快速致富点子，而是一种理性对待自己和市场的方法，利用手头上可用的工具打造投资组合，让你规避太大的风险和波动。当问到宇宙间最强大的力量是什么时，爱因斯坦简单回答道："复利。"资产配置给予我们持久的力量，让复利在时间长河中发挥神奇作用，让投资目标更接近现实。

投资者要对经常对所处环境进行分析,决定你的资产配置是采用防御策略,以高级债券、现金、管理期货、通货膨胀挂钩证券为主;还是选择进攻策略,以股票、高收益债券、房地产、商品作为投资主导。

资产多元化不仅能够让你的投资组合减少波动,而且能让你在市场沉浮中保持冷静,而持有多种同类型的股票或基金并不是多元化的表现。

投资组合再平衡可以实现"低买高卖"的投资策略。实现再平衡的办法有通过价格和通过时间。

巴菲特资产配置箴言

第 3 章
CHAPTER 3

如果巴菲特这么干，
世上便无"股神"

有人说，风险是决定收益的主要因素，但资产配置者告诉投资者，最终受益取决于资产类型的选择。

THE LITTLE BOOK THAT STILL SAVES YOUR ASSETS

谁是你的格雷厄姆与查理·芒格？

弗兰克大叔（Uncle Frank）无处不在。赢得大赛的运动员总是感谢他们高中时期的教练，是教练教会他们如何提高自己的技能，而且直至现在还在给他们提供帮助。每个领域里的成功人士总会提到这么一个人，在商业和生活中给他们提供建议和启发。优秀的投资者都有一两个弗兰克大叔。

比如沃伦·巴菲特，他的第一个弗兰克大叔是本·格雷厄姆，当格雷厄姆退休后，他找到另一位弗兰克大叔，也就是查理·芒格。当你进行自己的资产配置规划，着手将梦想变成现实时，弗兰克大叔可能是你最有价值的资源。你会从他那里获得所需的建议、动力和鼓励。每当你在考虑动用哪种资产或如何进行具体投资时，你需要一个独立和客观的立场，一个值得信赖的朋友来帮助和引导你。简而言之，你需要一个弗兰克大叔。

你怎么辨认出弗兰克大叔呢？虽然不是每次，但很多时候在面临生活或投资上的重要决定时，你会自然而然地向这些人寻求建议。你倾听他们的意见，与他们友好相处，即使你不是每次都喜欢或同意他们的话。你会这么做是因为知道弗兰克大叔总是会维护你的最大利益，他想看到你在生活中取得成功。你能向弗兰克大叔敞开心怀的另一个原因是你们之间没有丝毫的嫉妒、猜忌或竞争。

你的弗兰克大叔对自己的现状比较满意，拥有一定的社会经验，通常在生活中取得了一定的成功。他们会帮助你扬长避短，实现圆满的人生。他们真诚地喜欢你、鼓励你，在你生活艰难和遭遇糟糕的市场时，给你提供精神和情感支持。

弗兰克大叔并不常有，也不是凭空产生的。很多时候，你需要相当长一段时间才能发现谁是你的弗兰克大叔。他可能是你的表兄、祖父母、侄女、外甥或邻居。尽管你的弗兰克大叔也可能是你的同事或伴侣，但是通常来说，关系亲近并不是形成弗兰克大叔式感情的保证。你的弗兰克大叔可能在投资行业，也可能不在这一行。

顺应还是抗拒人性？是一个难题

不管你的弗兰克大叔是不是对你有很长时间的了解，他都能轻易地发现你的优缺点。弗兰克大叔有一种神秘的能力，能帮助你扬长避短。他经常能激励你最大程度地利用已有资源，在你原有的基础上再进一步。

弗兰克大叔知道一个资产的当前价格不一定就能反映它的实际价值。学术研究表明，能公平交易的资产通常只有30%，其他的70%要么是被高估了，要么是被低估了。今天成交的资产价格可能与实际价值相比更低或更高,而弗兰克大叔能够很好地帮助你看到这一差别,从而恰到好处地利用这一机会。他对市场了如指掌,知道你什么时候应该通过成功的投资来彰显自己优势,什么时候应该减少投资失败带来的损失。你的弗兰克大叔有着一套明晰的投资信念,他的智慧能帮助你将想法付诸行动。

你的弗兰克大叔明白犯错是人类的天性,每个人都会在投资上有所失误。但重要的是,他总是能从投资失误中吸取教训,避免下次再犯同样的错误。如果你的资产配置和投资计划冠冕堂皇、不切实际,绝对不可能实现你自认为可以达到的收益,那么在不让你气馁的前提下,你的弗兰克大叔会毫不犹豫地给你泼冷水。你的弗兰克大叔希望你脚踏实地地实现理性的目标,而不是停留在说辞和空想上。他会用心思考你的资产配置或投资策略在什么地方可能会出错。

如果你想从弗兰克大叔那里得到最有价值的建议,就应该跟他坦诚相待。你应该尊重他的时间,给予他具体的证明和反馈,表示你接受和理解了他的信息。反过来,你需要从弗兰克大叔那里学到很多品质。

你的弗兰克大叔能帮助你理解人群的特征和你个体的特征。你可以从弗兰克大叔那里知道,正常状态下市场如何运作;在大波动或小波动时期,市场会如何反应;在极度乐观或悲观的形势下,投资者如何作为。

你可以要你的弗兰克大叔解释和应用历史中的重要经验和结论。在资产配置和投资领域,你需要一个局外人的帮助,其中很重要的原因在于在金融、经济和政治领域的各种短期和长期信息中，你需要一个局外人的声音。有时，与弗兰克大叔的一段谈话能帮助你准确判断现状。

你应该寻求弗兰克大叔的看法和观点，从而增加和凝聚你对因果关系以及世界运行的一般法则的求知欲。弗兰克大叔能点拨你的另一方面是帮助你了解成功投资中运气与技巧的区别。

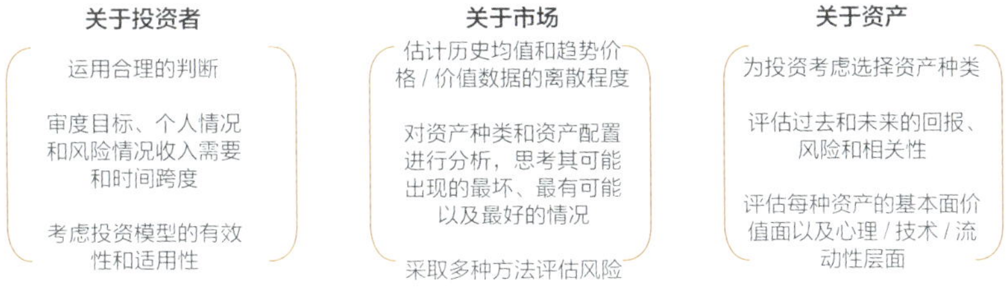

关于投资者
- 运用合理的判断
- 审度目标、个人情况和风险情况收入需要和时间跨度
- 考虑投资模型的有效性和适用性

关于市场
- 估计历史均值和趋势价格/价值数据的离散程度
- 对资产种类和资产配置进行分析，思考其可能出现的最坏、最有可能以及最好的情况
- 采取多种方法评估风险

关于资产
- 为投资考虑选择资产种类
- 评估过去和未来的回报、风险和相关性
- 评估每种资产的基本面价值面以及心理/技术/流动性层面

图 3.1 资产配置的基础

凯恩斯：对抗"非理性"很不理性！

作为投资者，我们需要了解今天的市场如何运作，市场在目前的商业活动中所处的位置，市场将来会有什么走向。弗兰克大叔知道目前市场的状况，也清楚如何在历史纵向比较中判断市场的位置，能帮助你看清楚价格和趋势会继续保持现状还是会出现逆转。

你的弗兰克大叔记得英国著名经济学家凯恩斯的话："市场保持非理性的时间总比你能支撑的时间长。"通常情况，我们买入的时候太快，卖出的时候又太早。有时，当我们在市场中观察自己的资产选择和投资决定时，我们需要更多的耐心。耐心可能是最难以付诸实践的投资美德之一。作为一个可信赖的旁观者，弗兰克大叔能够帮助你保持耐心、冷静和理性，从而让你的投资决策取得成功。

在进行资产配置和选择投资时，没有人可以掌握所有准确的信息。在现代社会，我们能得到信息的渠道越来越多，包括博客、Facebook、谷歌、YouTube和其他网络资源，还有财经电台和电视节目、报纸、商情报告书、图表服务、专栏和不断增加的信息来源。我们需要寻求帮助，在这些信息和杂音中过滤出有用的信息，将有用的麦子与谷糠分开。弗兰克大叔能帮助我们做到这一点，能帮助我们判断哪些信息对资产配置过程有价值，哪些信息应该被忽略。

在市场动荡时期，你信赖的弗兰克大叔能帮助你保持头脑清醒，从而做出正确的决定。他还能帮助你沉着应对金融市场中常见的惊慌失措和得意忘形。他直言不讳，诚实可靠，在生活、金融、经济方面博学多识，而且他了解你。弗兰克大叔能帮助你紧握船舵，成功驶向彼岸。

能公平交易的资产通常只有30%，其他的70%要么是被高估了，要么是被低估了。

在资产配置和投资领域你需要弗兰克大叔的帮助，其中很重要的一个原因在于在金融、经济和政治领域的各种短期和长期信息中，你需要一个局外人的声音。

弗兰克大叔会帮助投资者判断哪些信息对资产配置过程有价值，哪些信息应该被忽略。

巴菲特资产
配置箴言

第 4 章
CHAPTER 4

"私人订制"的投资组合不是更好吗?

投资者在进行资产配置时,应参考自己的投资个性,随时了解经济脉动,定期审视自己的资产配置,从而获得合理、稳定的收益。

THE LITTLE BOOK THAT STILL SAVES YOUR ASSETS

组合要与个性、需求相符

在很多方面，打造投资组合就像购买和装修房子。不同的家庭对房子有不同的要求，房子中的每个房间都有其特定的用途。当我们购买房子时，需要事先规划大概想要多少个房间，每个房间大概会作何用途，还有房间的外观会看起来怎么样。

如果事先不考虑这些因素，最后买的房子可能不是太大，就是太小，里面的家具和设施风格大众化，还有销售人员硬塞给我们不适用的东西。比如，我们可能会买一张在邻居家客厅看起来很棒，但跟自己的品味差之甚远的沙发；我们可能会买一台适用于隔壁新婚夫妇，但五口之家用起来太小的电冰箱。打造投资组合也是这样。我的投资组合跟你的不一样，你的投资组合跟你最好的朋友或你兄弟的也不一样，即使大家可能年龄都差不多。

我们需要考虑要用到哪些资产和如何安放它们，再看金融行业提供的工具和产品。它们中的任何一个，就像流行的粉色墙纸，可能非常适合我们，也可能是一个巨大的错误。如果你的好朋友为某项投资欣喜若狂，那么不代表这项投资就是适合你的投资组合。

第 4 章
"私人订制"的投资组合不是更好吗？

我们需要了解每种资产的个性，这样最终形成的投资组合才不至于像熔岩灯和粗毛地毯一样毫无特点。我们需要记住的是，就像客厅餐桌的材质从弯木到最精细的樱桃木层次不等一样，每种资产的内在品质也是大相径庭。你需要确保你的投资组合中的各项资产都符合你的需求以及体现你的个性，就像你的家具要与房间协调，并且体现你本人的风格一样。

还要匹配不同动机、情感

人们有着各种不同的动机、理财原因和情感需求，包括贪欲、恐惧、安逸、陌生感等，这些都会影响他们的投资决定。我们购买某件东西基于很多不同的原因。最主要的资产类型和最常见的购买理由在表 4.1 中有所体现。

为了使房子完美，必须有消遣娱乐的房间。于是我们有了电视房，那里有大屏幕的电视机、舒适的座椅、浪漫情调的小酒吧。就投资组合来说，这种房间里放的是在经济和金融繁荣时期发展良好的资产。我们都有放松和充满安全感的房间。投资组合中的"卧室"包含的资产要能够在艰难的经济或金融环境，如恶劣的投资环境、高通货膨胀、通货紧缩、政治或地缘局势不稳定等环境下一枝独秀。有些房间有专门的用途，如厨房。我们投资组合中的"厨房"应有的特点是在任何时候都能正常工作。

我们可以这样想：如果你的电视机出了毛病，那么你可以读书、下象棋或骑自行车。但是如果你的烤箱坏了，那么你要么只能吃生冷食品，要么只能出去就餐或叫外卖，无论怎样都会增加伙食开支。

表 4.1　主要资产类型和常见购买理由

资产类型	代表投资者的追求
现　金	安全性、保障性、流动性、收入
债　券	收入、可靠性、可预见性、优先权、成长性、可预知的负债
股　票	所有权、创造财富的可能性、经济收入、收益
房地产	有形资产、所有权、自我满足感、增值可能性、收入
商　品	人类基本需要、参与价格变动的愉快感
贵金属	购买力保障、永久性、不确定环境中的避风港
私募基金、风险投资	资本增值、对公司存亡的影响力和控制力
管理期货	投机性、金融市场动荡中获得的保障
对冲基金	寻找和利用市场的缺陷
通货膨胀挂钩债券	通胀对冲、购买力保障
艺术品	名望、稀有性、关联性、自我满足感、智力认同感

为了让你的家发挥它应有的作用，保持舒适和理想的外观，各个房间必须有其特定的用途，并且符合你的品味，而不是符合其他人的品味，你才是房子和投资组合的主人。有时，由于情况需要，你可能会将闲置的卧室改成办公室。

你可能会根据环境变化而改变投资选择。一个良好的资产配置能够满足你的需要，让你免受意外情况的影响，随着时间而升值，而且不会让你花费太多金钱或精力进行管理。你的资产配置应该跟邮政服务公司的使命一样：不管雨雪、高温、深夜，都会准时抵达。

在最基本的层面上，资产配置意味着了解哪些投资组合在一

第 4 章
"私人订制"的投资组合不是更好吗？

起收益较高，而哪些资产单独安放收益最好；资产的受益者是谁；在什么情况下效果发挥最好；持续时间有多久；会产生什么直接或间接的费用和风险。

这跟装修房子很相像。什么样的面料放在一起比较协调？什么样的放在一起会起冲突？是否需要去高档的商店购买家具，还是去宜家就可以了？在跳蚤市场买的小装饰品与房间协调吗？想要了解每种资产能不能为我们做事情，首先需要回答一些基本问题：

- ◆ 这种资产在景气、不景气或一般情形下，过去以及预期表现如何？
- ◆ 这种投资主要是随着利率浮动（固定资产）、潜在的供需情况（消耗性资产或可追踪资产）还是其他投资者愿意购买它的程度（价值资产）而变化？
- ◆ 资产的收益形式是收入还是资本利得，或者两者兼有？
- ◆ 现实的收益到底有多大？
- ◆ 计算每日、每周、每月、每年或多年时，资产收益波动范围多大？收益的波动性对我来说重要吗？
- ◆ 这种资产的表现与其他资产表现相似或相异？
- ◆ 收益通常在多长时间内产生？
- ◆ 收益的可预见性是多大？
- ◆ 对这项投资的查询、了解、接触、买入、持有、追踪、缴税和出售的难度如何？
- ◆ 是不是所有的资产类别都比较相似？比如，国库券作为一种资产类别只有不同的期限之分，就像你所熟知的美国国库券。其他资产类别，如股票和房地产可能在质量和特征方面相差悬殊。

- 这种资产类别是否包含子类别和其他表现形式？
- 这种资产类别最初是在国内市场上出现还是在国外市场上出现？
- 这种资产是如何创建的？
- 什么样的投资者喜欢投资这类资产？
- 投资者基于什么动因买入和卖出这种资产？

"资产配置钟型图"：把握更佳资产机会

我们知道历史不会总是以同样的形式出现，当市场或经济环境发生变化时，不会有人事先通知大家，因此，一个固定的方法也许不能帮助大多数人适应每次市场变化。但是记住每种投资在一定市场条件下的表现，对我们有所裨益。

为说明这个问题，我创造了"资产配置钟型图"（图4.1）。这幅图清晰地呈现了这些资产类别的相对"侧重点"，其他资产类别相对的"普通点"。资产配置钟型图显示，一般来说，在经济增长和中低等程度的通货膨胀环境中，重点关注权益类资产是不错的选择。

相反，在高通货膨胀的环境下，你需要强调实物的非金融资产，如房地产、通货膨胀挂钩证券、商品和贵金属的作用；在通胀趋缓和通胀紧缩的情况下，把重点放在现金投资和高质量固定收益证券上，如债券。

由于管理期货和对冲基金，不管是个人投资还是通过FOF，相对较高的机会主义成分和对基金经理专业性的强调，它们被放在资产配置钟型图的中心位置，以此显示它们在比较广泛的经济和金融条件下的潜在作用。这些作用取决于这些资产是否适合你。

第 4 章
"私人订制"的投资组合不是更好吗？

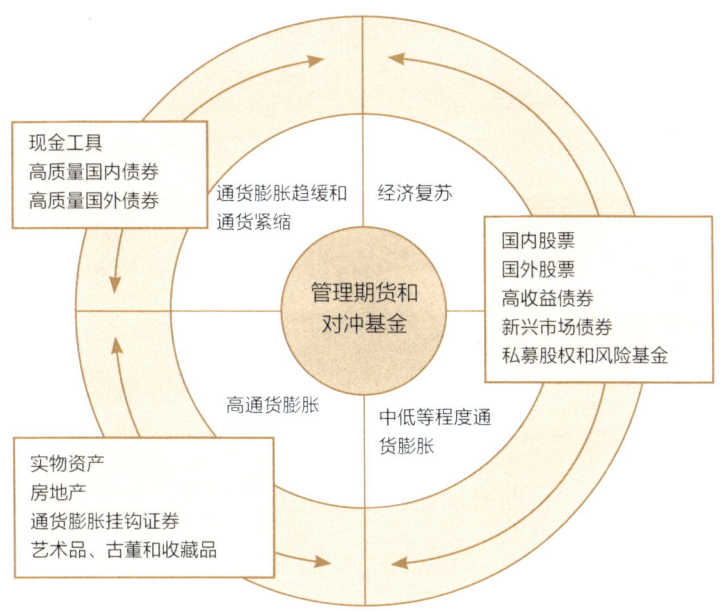

图 4.1 资产配置钟型图

一起来看看装修我们家有哪些选择。就像我们选择的每件家具和装饰都有其特定的用途，每种资产类别都有特定的目标和独特的表现。

股票代表着房子中的"娱乐场所"。我们在这里享受生活，股票投资给予我们参加广泛的经济活动和享受人类努力成果的机会。每个人对于享乐的定义不同，每个人家中的娱乐房间自然有着不同的室内陈设，同样，股票也有各种不同的类别。

有人家里可能放着 60 英寸的平面电视和台球桌，而其他人可能喜欢象棋桌或整排书柜。无论电视房、游戏厅还是图书馆，每个房间都有不同的气氛和感觉，但都是用来放松和享受生活的。股票也是这样。股票按照规模大小、估价情况和地理位置分类，但它们有一个共同目标，即在知晓价格波动风险的同时获得最大的收益。

债券和其他固定收益投资代表我们房子中的卧室。在这里我们想获得安全，避开白天的烦心事。大体上说，债券能够提供安全感和舒适感。但是谨记，一个有着四柱床的维多利亚风格卧室与一个有着鲜艳的红色墙纸和圆床的卧室风格是完全不一样的。各种债券的品质和期限也是不同的，有安全性强的国库券，有新兴市场债券、高收益债券或垃圾债券。它们都受到利率影响，但是债券的风险越大，期限越长，价格波动也就越大。

几乎每个家庭都有一个房间是与别人家的房间完全不一样的，从中可以看出主人的独特品味。它可能是父亲的书房，里面的老式书桌、雪茄盒、白兰地酒瓶可能与房间的其他现代装饰格格不入。它可能是卧室边的一个维多利亚风格的起居室，虽然与家里的其他房子很不一样，但是祖母每次来拜访时特别喜欢那里。

投资世界中的另类投资与其他投资截然不同，就像房间之间的差异性一样。这些资产包括房地产、私募股权、管理期货、对冲基金、贵金属，还有通货膨胀挂钩证券。它们可能在原本由股票和债券组成的投资组合中显得与众不同，但是它们能满足特殊要求。它们的收益可能来自通货膨胀或理财技巧。这些投资有一个共同点，即相比传统股票和债券的投资因素，其收益产生的因素是不同的。这对实现投资组合多元化是一个很好的选择。

你的房子中有些房间看起来很普通，但是重要性丝毫不减。地下室可能并不好玩，你也不会在那里停留很长时间，但是安装在那里的热水器和电源面板对其他房间的安全舒适至关重要。阁

第4章
"私人订制"的投资组合不是更好吗?

楼虽然不常用到,但是也非常重要,因为它的存在,整个房子冬暖夏凉,还能减少空调的压力。

房屋前端的衣帽间装有报警系统,能保护你的家庭和财产免受盗贼的侵扰。把这些房间想象成你投资组合中的现金部分。现金和现金等价物是在任何时候都能马上使用的,特别是在情况比较艰难的时候。我们保有这部分现金为的是在将来某个时候这笔钱能够派上用场,或者应付紧急情况。

装修房子的风格依个人而定。我们选择某些艺术品和室内装饰总有特定的理由。有的人认为莫奈的油画非常漂亮,也有人喜欢杰出的滴画大师杰克逊·波洛克(Jackson Pollock)。想要花钱买下什么东西挂在墙上或壁炉上完全是根据个人的喜好。一幅小孩的画作对陌生人来说可能一文不值,但对孩子的父母来说是无价之宝。艺术品和收藏品的市场运作原理就是这样,它们的价值是由名声、品味和其他一些无法量化的因素驱动的。有些人在判断艺术品和古董价值方面拥有一双"火眼金睛",而有些人只是运气比较好而已。

你如何购买、持有、最终出售一项资产跟你所拥有的资产内容同样重要。你投资特定资产类别的方式无非体现了:

- ◆ 与资产的最小投资金额相比,你有多少钱。
- ◆ 你在投资方面能花多少时间和精力。
- ◆ 你的投资经验。
- ◆ 你喜欢获得投资信息和建议的渠道。

图 4.2　资产配置的基本含义

装修房子映射出的投资个性

一些人喜欢自己装修房子。即使他们有能力聘请专业的装潢设计师，但他们还是喜欢自己翻阅杂志，到商店实地考察，挑选不同的方案。这类投资者想自己挑选股票和债券。他们喜欢根据自己对某个公司、基金经理和经济环境的研究和分析来打造投资组合。这种方法的优点是你想选什么就选什么：在哪里选购、要花多少钱、何时购买都可以自己做选择。你的成功取决于你的能力和对窗帘、地板等一切相关事物的了解，明白这一点非常重要。同样，你在投资方面取得良好的收益也取决于你对市场和单只股票、债券的了解。

如果你追求最新、最好的设施和装饰，那么你的预算肯定会超支，你会买下不必要的家具。你可能会买回一个根本放不进房间的沙发。亲力亲为意味着组建高品质投资组合的重任都落在你

第4章
"私人订制"的投资组合不是更好吗?

的肩上,而且你需要密切关注投资组合动态。如果你组建了一个漂亮的家,但不能很好地维护它,你就会发现自己背负了一项无法卸载的重担。

有些人在装修时,喜欢从家得宝或宜家这样的低成本设计商店获得灵感,然后自己再做大部分的装修。你设定好预算,然后让别人动手帮你测量厨房、橱柜和窗户。你告诉他们你想要得到什么效果,然后让他们接手。如果你是这种类型的投资者,那么你可能会选择共同基金。将你的钱与其他投资放在一起,你就有机会接触到专业、专门的投资管理。你挑选厨房、橱柜,即价值型基金或成长型基金,然后让他们处理好细节,即选择哪些股票。

你选择基金类型,不管是保守型、激进型,还是介于两者间,专业的基金经理会帮你做出买入和卖出的决定,从而帮你达到目标。当你利用商店现成的设计服务时,费用会根据情况有差别。一些商店的要价比其他商店要高,在有些情形下,共同基金费用可能会较高,而且长期收益有所贬低。各个商店和厂家的计划好坏水平不一。一些共同基金经理跟不上市场和指数。如果你选择这种方式组建投资组合,那么你需要仔细检查资产表现和产生的费用。

有些人不愿意参与房子装修的任何活动,他们有足够多的钱请专业的装潢设计师处理所有的事情。这些投资者会聘请独立的基金经理或理财顾问。这种方式的缺点是什么?你必须付得起钱。聘请这些基金经理的最低费用都可能非常之高。这些经理人住的豪宅或豪华办公室不是廉价的工作可以换来的。

对有些人来说,成本和费用是他们装修房子的主要考虑因素。他们会在所有的商品中选购价格最合适的那种。对于这类投资者,他们可以购买指数基金和 ETF 这样的产品，这也是非常不错的投资，还有可能帮你实现目标。

还有些投资带有合作基金的特点，特别是在另类投资种类中。它们把投资者组成一个小团体来达到特定的目标。为了赢得一个立足点，你可能会买入一些合作基金。你可能会通过合伙的形式进行某种资产类别的投资，如房地产、木材、油气，或者是把钱交给特定的对冲基金、管理期货或私募股权的经理。

有些人更愿亲力亲为，甚至扮演起非常专业的角色。他们是自己的总承包商，监督房屋建造过程。有些投资者想拥有自己的租赁财产。有些投资者喜欢直接拥有商品或自己进行外汇交易。

打造自己的房屋需要智慧和技巧，同样，自己管理专门的投资需要专业的知识、大量的时间和技巧。你如何购买和装修房子取决于很多因素，包括你的努力和感兴趣程度、技巧、能力和时间安排。同样的道理，你如何组建投资组合取决于你的投资个性、你有多少资金可以投资、你的时间安排。

最后，一个最重要的决定因素就是你是自己组建投资组合还是交由别人完成。如果是后者，那么你需要付出相当大的努力来找到一个值得信赖的基金经理人。这个人应该为人正直，能代表你的利益，为你构建和开展合适而成功的资产配置，愿意花费很多的精力和资源，在对待你的投资组合大小、费用能跟你一样机警，同时与因时间变化而改变的外部条件保持协调。了解你自己，利用投资工具时理性考虑自己的优势和劣势。

想了解每种资产能不能为我们做事情，首先需要了解这些资产的历史业绩、风险与收益情况、成本费用等。

在经济增长和中低等程度的通货膨胀环境中，重点关注股票形式的资产是不错的选择。相反，在高通胀的情况下，你可以青睐实物的、非金融资产，如房地产、通货膨胀挂钩证券、商品和贵金属；在通胀趋缓和通胀紧缩的情况下，把重点放在现金投资和高品质的固定收益债券上。

了解你自己，利用投资工具时理性考虑自己的优势和劣势。确保合适的人可以利用合适的工具进行具体的可行性投资。

巴菲特资产配置箴言

第 5 章
CHAPTER 5

**不管有什么梦想，
都需要把它们化整为零**

如果在你的投资组合中，有些投资能在动荡的市场减轻你的恐惧，那么这样的投资比黄金还要贵重。

THE LITTLE BOOK THAT STILL SAVES YOUR ASSETS

除非是杰·雷诺，否则都需要"具体目标"

大多数人投资某些资产并不是因为这些资产本身和它们的特点，有时甚至都不是因为它们内在的价值，而是因为它们能帮助我们达到什么目标。为了达到某一具体目标，通常我们不会考虑自己为什么会买这种投资产品。多年来我注意到，每当我告诉客户他们需要新兴市场股票、小盘股票或价值型股票等来完善他们的投资组合时，他们就开始走神。

他们不是很在意投资组合哪些部分发生了变动，他们真正关心的是能不能达到某个具体的投资目标。他们想让自己的钱免于遭受通货膨胀或市场动荡的负面影响；他们想送子女去读最好的学校；他们想买下梦寐以求的度假屋；他们想环游世界；他们想有足够的钱为家里的老人提供看护……归根结底，你真的想知道你电脑的工作原理吗？恐怕不想，你只是关心它能否按照你的要求运作。

停下来思考你的投资组合，它就像你的电脑，做着一份你需要它完成的工作。对你来说，你持有股票、债券、木材，还是黄金有什么差别吗？也许对一些人来说有差别，但是对另一些人来

第5章
不管有什么梦想，都需要把它们化整为零

说差别不大。你真正关心的只是拿到手的钱，实现你的目标。这就是为什么我推荐你使用一种叫做"基于目标的资产配置"的方法。这种方法在下文有介绍，它让你思考到底想要投资项目具体为你做什么。基于目标的资产配置迫使你去思考为什么、什么时候将某种资产纳入你的投资组合。

这项投资跟你的目标是否相关？或者它只是听起来能赚很多钱？我见过很多人组建的投资组合，哪个流行买哪个，或者经纪人让他们买什么就买什么。这些投资组合看起来就像堆满了各式各样东西的阁楼，没有为总体的投资目标服务。

基于目标的资产配置跟买车差不多。我们根据自己的需要来买车，至少大多数人是这样的。除非我们是著名美国电视台主持人杰·雷诺（Jay Leno），他拥有私人收藏车库。我们的支付能力由财产多少决定，但是选择哪种车根据我们的需求决定。我开车的地方是城市还是乡村？我住在西南部还是中西部？如果你需要的是一辆拖车，从而帮助你将渔船拖出满是积雪的道路，那么无论马自达的车多么可爱也无法胜任。

以同样的方式看待你的投资。比如，如果你的投资是为18年后的大学教育经费，那么你可能需要考虑成长型资产，如国内和国外股票、房地产，为了投资组合的平衡可能还需要加入一些贵金属资产。如果你的目标是长期的资本收益，债券就不在你的考虑范围内。尽管债券会支付固定的利息，并承诺在未来偿还本金，但它们不可能为你带来长期的增值收益。

太多的人都犯下同样的错误，进行投资时没有考虑资本能带来什么收益，除了赚钱这个很宽泛的考虑。按照我的思维方式，

这就好像派一个棒球员身穿棒球服去充当橄榄球四分卫，结果是这个棒球员不但不能在球场上取得成功，还很有可能会受伤。

采用基于目标的资产配置方法最大的好处是帮助整合你的投资组合。有的投资组合还有子组合，每个子组合的目标都不一样。**基于目标选择投资种类让你把重点放在每种资产能为你达成什么目标上。**如果一些资产对达成我们的目标有帮助，那么我们需要知道这些资产具体能为我们做什么。这种方法帮助我们让佩顿·曼宁（Peyton Manning）发挥四分卫的优势，沙巴西亚（Sabathia）可以继续他棒球投手的辉煌，让他们在各自擅长的领域取得成功。

J.P. 摩根：唯一不变的是，市场还会变

投资者有着几个主要投资目标。

第一，保护资产不受通货膨胀的冲击。股票可以成为躲避中低等程度的通货膨胀的庇护所。公司提高价格和增加利润的灵活性使得它能在中等程度的通货膨胀经济中良好运转。但是如果通货膨胀率一路飙升，股票收益就会受到影响，借款做生意的成本就会上升。如果公司的利益增长赶不上通货膨胀率，就会步履维艰。另外，华尔街很多股票估价模型引用利率作为一个重要变量，通货膨胀的利率越高，股票估价模型对整体价值的估值就越低，最终导致低估股票的价格。

第二，参与高盈利公司和宏观经济发展带来的收益。国际股票让我们有机会接触到国外某个地区的市场。由于经济发展会受到税收、货币现状和监管环境等政府政策的影响，持有国外资产

第5章
不管有什么梦想，都需要把它们化整为零

可以让我们接触到其他迅速发展的经济体。此外，个别公司可以通过科研、推出新产品和服务来促进发展。从长期看，股票资产为我们提供了从经济发展中获利的机会。尽管生活和历史发展从来都不是一帆风顺的，但是毫无疑问世界上大多数人的生活水平都随着时间而有所提高。股票让你分享水涨船高带来的好处，不管这种发展是来自总体水平、技术进步、还是科学突破。股票资产类别的多元化能帮助我们从长期的发展趋势中获益。

第三，各国经济和社会并不总会如我们所愿地蓬勃发展。有时我们会碰到一些困难，可能需要一段时间才能解决。人类社会向前发展的步伐有时会出现倒退，会遭遇通货紧缩、武装冲突、健康问题，有时还会碰到大萧条。这些困难都很难提前预知。每个人都想保护自己的总体投资组合不受坏的形势影响。这时候，高品质的固定收益资产成为理想的投资选择。只要固定收益投资是可靠的，而且能够及时支付息票和本金，高级债券、现金投资，甚至通货膨胀指数债券都能凭借可预见的收益和有保障的本金帮助我们顺利挺过危险的经济环境。

第四，在某个时候，我们希望投资组合能有所回报。毕竟我们付出了很多努力，我们的钱也应该有所回报。很多资产类别能够满足我们的日常开支或其他投资机会。这类最好的资产包括稳定的分红型股票、优先股、有限合伙企业、房地产投资信托基金等。你可能还想把通货膨胀挂钩证券包括在内，从投资组合中创造更多的收入。

第五，拥有一套波动性较低的投资组合。就像那次 J. P. 摩根（J.P. Morgan）被问及关于股市走向问题时的经典回答一样："我们

唯一能确定的事情就是市场还会波动。"有时，这种波动还很剧烈。根据你的风险承受能力、投资的保守与开放程度，你可以选择一些能抵御股票市场波动的资产，这些资产包括现金账户、贵金属、专门的管理期货基金。还有一些特定用途的对冲基金和ETF，能帮助你平衡收益和保护投资组合不会受到太大波动。如果你的投资组合中有些投资能在动荡的市场中减轻你的恐慌感，那么这些投资比黄金还贵重。

第六，我们身处经济全球化的时代，这一事实无法回避。你需要参与全球货币活动进程，减轻贬值货币可能给你的投资带来的负面影响。你应该进行一些国外投资。成熟市场和新兴市场股票、债券都能帮助我们实现这一目标。另外，还有很多专门的工具能帮助我们达到这一目的，包括对冲基金、管理期货基金等。

长期可赚 10%，短期上涨或下跌 20% 都有可能

现在来讨论下投资组合团队中的每名选手。每名选手都有其特有的优点和缺点。我喜欢这样想，每种资产类别都有能帮助我们达到特定目标的"杀手锏"。主要的投资目标有 6 点，每种资产类别从不同角度来实现这些目标。

表 5.1 体现了持有某种资产类别 6 种主要的"保护和参与"目标，标有"√"的表明竖排的 16 种资产类别是否满足横排 6 种目标中的一种或几种。

表 5.2 和表 5.3 体现了这 16 种最常见资产类别的潜在优势和劣势。

第 5 章
不管有什么梦想，都需要把它们化整为零

表 5.1 持有某种资产类别的保护和参与目标

基于目标的资产配置						
资产类别	通货膨胀保护	参与经济发展成果	通胀紧缩保护	现金流	波动性保护	汇率风险
股　票						
美国、加拿大股票	✓	✓		✓		
欧洲股票	✓	✓		✓		✓
发达亚洲市场股票	✓	✓		✓		✓
新兴市场股票	✓	✓		✓		✓
固定收益						
美国固定收益			✓	✓	✓	
美国短期债券			✓	✓	✓	
高收益债券		✓				
美国以外发达国家债券			✓	✓	✓	✓
新兴市场债券			✓	✓		✓
另类投资						
房地产投资信托基金	✓	✓		✓		
房地产	✓	✓			✓	
私募股权	✓	✓				
管理期货基金					✓	✓
对冲基金	✓	✓			✓	✓
通货膨胀挂钩证券	✓	✓	✓	✓		✓
现金、现金等价物			✓	✓	✓	✓

我们想要混搭各种不同的资产类别。不管是不动产还是房地产投资信托基金，房地产都与固定收益等类型的资产表现不同。黄金的表现也不同于股票。

因此，为了平衡总体投资组合的收益，混搭各种资产类别非常关键。

表5.2　资产类别的潜在优势

资产类别	低相关性	稳定收益	不受美国股票影响	基金经理带来的额外收益	合理流动性	通胀保护
股票						
美国、加拿大股票					✓	✓
欧洲股票					✓	✓
发达亚洲国家股票					✓	✓
新兴市场股票				✓		✓
固定收益						
美国固定收益	✓	✓	✓		✓	
美国短期债券	✓	✓	✓		✓	
高收益债券						
美国以外发达国家债券	✓	✓	✓		✓	
新兴市场债券						
另类投资						
房地产投资信托基金	✓		✓		✓	✓

第 5 章
不管有什么梦想，都需要把它们化整为零

（续表）

资产类别	优势					
	低相关性	稳定收益	不受美国股票影响	基金经理带来的额外收益	合理流动性	通胀保护
房地产	✓		✓			✓
私募股权、风险投资	✓			✓		
管理期货基金	✓	✓	✓			
对冲基金或FOF				✓		
通货膨胀挂钩证券	✓	✓	✓		✓	✓
现金、现金替代物	✓	✓	✓		✓	

低相关性（low correlation）：体现特定几组资产类别之间收益大小和来源的较低关联性。

稳定收益：根据统计数据，这些资产类别的收益总是处于它们的平均值左右。

不受美国股票影响：受美国股票收益影响不大。

基金经理带来的额外收益（alpha generated by manager selection）：反映投资者找到合适基金经理来提高收益的能力。这些基金经理能够稳定地为既定资产类别创造超出预定额度的收益。

合理流动性：反映投资者能够轻易开展或撤离某项投资的能力，或者在一段合理的时间内，在不过多影响价格的基础上买入和卖出某项资产的能力。

通胀保护（inflation hedge）：在商品和服务的总体价格迅猛上升过程中提供保护的资产。

我们希望有些资产类别在市场繁荣时能脱颖而出，这时需要股票、不动产和其他成长型资产，有些对冲基金在市场上升时期表现也很不错。

我们希望自己的某些资产流动性好，能随时支配。很多列举的股票以及大部分货币市场和短期固定收益投资都具有这种优势。你希望自己的部分投资不仅是流动的，并能适当避开价格波动。

表 5.3 资产类别的潜在劣势

资产类别	资产潜在风险						
	波动性风险	费用高	波动大	流动性风险	基金经理回报差异	税负问题	随波动增加的贝塔值
股票							
美国、加拿大股票	✓		✓				✓
欧洲股票	✓		✓				✓
发达亚洲国家股票	✓		✓				✓
新兴市场股票	✓		✓	✓	✓		✓
固定收益							
美国固定收益							
美国短期债券							
高收益债券							
美国以外发达国家债券	✓		✓	✓			✓
新兴市场债券	✓		✓	✓	✓		
另类投资							
房地产投资信托基金	✓	✓	✓		✓	✓	
房地产		✓		✓	✓		
私募股权、风险投资	✓	✓	✓	✓	✓	✓	✓

第 5 章
不管有什么梦想，都需要把它们化整为零

（续表）

资产类别	资产潜在风险						
	波动性风险	费用高	波动大	流动性风险	基金经理回报差异	税负问题	随波动增加的贝塔值
管理期货基金		✓		✓	✓	✓	
对冲基金或FOF	✓	✓	✓	✓	✓		✓
通货膨胀挂钩证券						✓	
现金、现金替代物							

波动性风险：资产在不稳定或动荡的市场条件下，可能会出现价格、浮动、流动性的不利变化。

费用高：反映资产管理、托管、结算、买入、卖出既定资产的高额费用。

波动大：收益偏离平均值较大的资产。除标准偏差可以作为风险衡量标准之外，一些投资者还会关注其他下限风险衡量手段，包括短缺风险（能接受的最大货币损失风险）、半方差风险（semi-variance risk）或目标半方差风险（target semi-variance risk）。

流动性风险：指投资者投资或撤离某项资产，在一段时间内买入或卖出某种资产而不引起价格的大幅波动。还有投资者无法获得关于基金经理策略、具体投资的现状、既定资产运行机构。

基金经理回报差异：在特定资产类别或投资范围内，排名前 25% 和后 25% 的基金经理创造的收益有很大差异。

税负问题：指投资者可能会面临来自联邦、州、地方或国际层面的收入税、资本利得税、预扣税、消费税、房产税、营业外收入税（UBI）以及其他税。

随波动增加的贝塔值（Beta increases with volatility）：指的是一些资产类别收益在动荡金融市场中表现出与其他资产类别的高度相关性。虽然在正常的市场条件下，这些资产类别收益可能与其他资产类别表现出来的相关性较低。

对有些资产来说，选择合适的基金经理能够帮你的投资组合获得相当可观的收益。这些资产包括对冲基金和私募股权基金。某个资产类别的资深基金经理可能会为你创造额外的收益，这样你的投资组合就能有高收益率的增值。一些新兴市场的基金经理

有着深厚的专业知识，也可以创造这样的业绩。

当组建投资组合时，我们需要考虑每种资产会给我们带来 6 种保护和参与目标中的哪些方面。我见过太多盲目的投资者，他们不知道各种资产的大致优势和劣势。他们最后形成的投资组合就像一个奇怪的球队，里面四分卫、棒球手、守门员都有。没有任何资产类别是完美的，每种资产类别都有自身的优势和劣势。关键是要了解每名队员和他们将要进行的比赛。

有些资产可能流动性不强，而且昂贵，如私募股权、对冲基金和一些商业地产投资。很多资产会让你的投资组合受到市场动荡的影响，如国外和国内股票、长期债券、货币和商品。以某一天为例，可能因为一个金融救市消息，美国股票市场开盘表现强劲，随后飙升了 100 多个点。但这天收盘时，股市大跌，原因是受到油价上升到每桶 100 多美元这一利空消息的影响。而在几年前，人们都不觉得石油可以用来投资，那时的石油价钱低于每桶 20 美元。

长期来看，每年可以从美国股票获得 10% 的收益，但是在短期内，任何年份的美国股市都有可能上涨或下跌 20% 或更多。就像这本书前面提到，2002—2011 年这 10 年间，标普 500 指数的复合年增长率只有 2.9%。

投资世界中不只是股票市场会出现波动，一些固定收益资产，如国外债务和高收益债券会出现很大的反弹，每年的收益差别可能会非常大。

困难时期，一些本来看起来差别很大的资产可能会有同样的表现。从 2007 年 10 月 9 日的 1 565 点到 2009 年 3 月 9 日的 666 点，标普 500 指数跌价抛售的后期就出现了这样的状况。股票和债券看起来非常不一样,但是如果利率提高到一定程度,债券开始贬值,那么股票也可能会贬值。不只是因为世界全球化加剧,也因为世界是相互关联的。

图 5.1 影响个人投资者资产配置决定的因素

诸如房地产投资信托基金、有限合伙企业和对冲基金等资产存在纳税方面的问题。对私募股权、管理期货、风险投资和房地产这类投资来说,你的收益取决于基金经理。

"他希望投资组合能提供收入安度晚年。"

如何让资产为你的总体规划服务?先让我们来看一下常见的

目标以及追逐这个目标的过程。很多投资者的目标是为他们的孩子或孙子积累上大学的教育基金。假设你有一个4岁的儿子和6岁的女儿，离他们上大学之前还有很多时间，那么在支付大学学费之前，你可能会经历好几次经济周期。

你会考虑什么资产类别？在12年和14年的时间周期内，股票能够帮你从经济发展中获利。你可能会考虑购买外国股票，持有外国货币可以平衡股票组合的总体表现。你可能还会考虑贵金属、商品、通货膨胀挂钩证券、房地产来防御高通货膨胀率的冲击。

你也不想资产在市场走下坡路时处于波动之中，因此，你的一部分钱会投入高质量固定收益证券，这样可以提供一定程度的名义上的本金保护，还能稳定现金流动、减缓波动程度。

另一个常见的投资目标——退休基金的情况又是怎样的呢？如果你是一位40岁的投资者，那么你的时间很充裕，你可能想要用投资组合中的很多同样的资产来支付孩子上大学的费用。

流动性不是特别重要，因此，如果你能满足最小资产额和其他的适合条件，那么你可以考虑其他流动性不高但回报很高的资产类别，如风险投资、对冲基金和私募股权。短期内防御波动如果不是很重要的话，你可以减少固定收益部分，转而投向股票、有限合伙企业或房地产投资基金。这些举措都会化解你短期内所遇到的风险，增加你的获利机会。

考虑你的短期目标。如果你计划5年内买下理想中的房子，那么你的时间就不充裕，而且承受不住价格上的波动。这时你可以把注意力放在以保护本金为主的现金投资和短期固定收益工具，如短期债券。你还可以投很少一部分钱到股票中去，与经济发展

第5章
不管有什么梦想，都需要把它们化整为零

保持同步，但是比例不宜太高。你也可以考虑通货膨胀挂钩证券，既可以防御通胀带来的风险，又可以免受金属或商品带来的波动。

一名退休的投资者可能会以不同的方式对待资产选择。他希望投资组合能为他提供收入来安度晚年。如果他还比较健康，而且退休不久，那么他还有相当长的时间从投资组合中获得收益。

对他来说，减少损失和获得一定收益比壮大投资组合要重要。他可以把重点放在固定收益证券和分红型股票上。他不应该去考虑持有波动性较大的不动产，而应该考虑通货膨胀挂钩证券来防御通货膨胀的风险。这样才能确保他的收益。

流动性很重要，所以他应该避免流动性不高的资产，如对冲基金。房地产投资信托基金可以提供一些通胀保护，而且通常会支付红利，所以这些资产可以纳入投资组合。

不管你有什么梦想，都需要把它们化整为零，变成一个个短期目标。只要你做到这一点，给每个目标配置比例适当的资产，那么你制定的资产配置规划不仅适合你，还能帮助你实现目标。结合每个目标的单独配置计划，你就拥有了目标明确的整体投资组合路线图。

投资者基本的 6 种资产配置目标：1. 通货膨胀冲击所带来的资产保值；2. 享受经济发展带来的收益；3. 在恶劣经济环境下保护自己的投资组合；4. 利用投资组合增加财富；5. 抵御市场波动；6. 减轻货币贬值带来的负面影响。

投资者要清楚每个资产类别的潜在优势与潜在风险。潜在优势有低相关性、稳定收益、不受美国股票影响、投资经理带来的阿尔法值、流动性与通胀保护。潜在风险有波动、高费用、波动大、流动性风险、投资经理人的回报差异、税收、波动性相关等。

把资产配置的 6 种目标变成一个个短期目标，然后给每个目标配置比例适当的资产。

巴菲特资产配置箴言

第6章
CHAPTER 6

**着眼大局，
也要走好脚下每一步路**

无论是战略性资产配置策略还是战术性资产配置策略，都必须因人而异，因时而异，制定出长期合理的投资规划。

THE LITTLE BOOK THAT STILL SAVES YOUR ASSETS

同样起点，差距缘何达 7 倍？

20世纪80年代早期，有人把我介绍给两兄弟，他们两个人都从母亲那里继承到几百万美元的遗产，他们的母亲生前是一位电子行业的奇才。她在去世前将公司卖给美国一家大型计算机公司，得到了这笔现金。

由于深受20世纪70年代股市动荡之苦，哥哥将他所有的钱投入市政债券，采取"买入并长期持有"策略。这些年里他反复告诉我说，这些债券每年的利息收入足够他维持生活，他和他的妻子的积蓄跟母亲临终前留给他们的差不多，他采用了一步到位的资产配置法。当我提醒他30年后，他手头的钱的购买力可能只有现在的1/3时，他不置可否。

相比之下，弟弟的妻子对投资更加感兴趣。随着时间推移，她全面接手丈夫的投资组合，采用全面战略的眼光，把重点放在多元化、再平衡和再投资上，明智而巧妙地调整了投资组合，纳入了国内股票、国外股票、房地产证券、贵金属、商品和高级债券。在2000年后的10年里，她开始增加管理期货、对冲基金和通货

第 6 章
着眼大局,也要走好脚下每一步路

膨胀挂钩证券。最近她给我看了她的投资组合的估值:比她弟弟的投资组合多获益 7 倍之多。

跟哥哥相比,弟弟和弟媳的成功有运气和机遇的因素,但是 30 多年来,弟弟的投资组合的复合增长率大约是 8.5%,这些都因为运用了资产配置战略和战术上最基本的攻防手段,还有他们强大的三原则:多元化、再平衡、再投资。关于资产配置有两种基本的策略:战略性资产配置和战术性资产配置。你采用哪种策略很大程度上取决于你的目标,同时更多地取决于你的个性。

让我们首先谈谈战略性资产配置。伟大的象棋高手是从全局角度看待棋盘,提前规划好下几步怎么走。从各个角度出发,在比赛开始之前,他们已经盘算出比赛的诸多可能性。

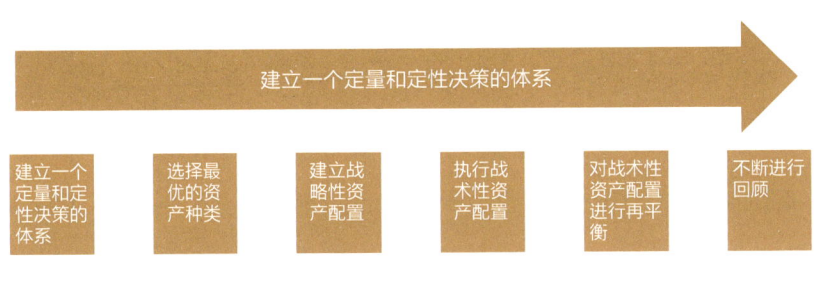

图 6.1 资产配置的步骤

下象棋跟战略性资产配置很相似,你设定好投资组合中各资产的长期权重,然后在相当长的时间内保持这一比例。只有在目标比例出现明显的增加或降低的情况下,才会对投资组合进行调整或再平衡。我倾向于把战略性资产配置想象成"定好只需常检查"的投资方式。

战术性资产配置对投资组合的反应更加迅速,为了从潜在的市场和经济发展中获利，投资组合会经常做出调整。从象棋的角度来说，战略高度可能会赢得比赛，但是战术角度能帮助我们针对对手的举动做出反应，确保取得成功。

战略性资产配置：长期主义

战略性资产配置策略代表一种长期、全局的眼界，这样一种眼界可以让你从多伦多去到佛罗伦萨。但是你为什么要开始这一旅行？目的是度假休闲还是商务旅行？你计划坐飞机、乘轮船还是多种交通工具并用。比如，你可以先飞到苏黎世，再开车去佛罗伦萨？

战略性资产配置策略告诉你前行的方向，基于什么理由，然后大致确定你将采用什么方法到达你的最终目的地。根据什么样的投资最有可能帮你达成目标、符合你对风险的承受能力和时间安排，战略性资产配置策略可以帮助你设定投资组合的大致内容。

从根本上说，战略性资产配置跟球队的教练作用差不多：为投资组合选择资产，判断什么时候不用某种资产。这种方法的目的是想在各种经济和金融市场环境中取得最佳的投资成效。当考虑什么时候组建团队来应付整个赛季时，教练既会有量的考量，也会有质的考虑。同样，一个良好的战略资产配置规划会考虑投资者可利用的资产类别的历史数据和基本面信息。

战略性资产配置的投资组合需要考虑这些因素：核心资产类别的长期投资权重、收益目标、风险情况，还有各资产的收益、波动性、在不同的经济和金融条件下相对其他资产类别的表现。你需要的投资组合应该跟你的梦想和个性相符。

第6章
着眼大局，也要走好脚下每一步路

战略性资产配置能帮助你建立符合目标的投资组合结构。这些金融目标可能包括获得更多的收入来支付账单、在退休后保持现有的生活方式、为满足长期目标（比如孩子的教育）积累资金，或者是在动荡的金融市场中保护你的本金安全。

采用战略性资产配置策略可以帮助我们专注于长期目标。它能帮助我们形成一种理性、深思熟虑的方法，从而达成我们的长期投资目标。在挑选投资时，这种规划有助于我们思考一些可能会被忽视的问题。这种投资从长远来讲是否对我们有利？它能帮我们实现投资组合的目标吗？我们的投资组合的目标是什么？在哪里可能会出差错？在我们开始一段旅程之前，仔细想想要去的地方，什么时候抵达，最好的旅行方式是什么，思考这些问题很有好处。战略性资产配置策略的作用就像一个导航灯塔，帮助我们的投资组合朝着预先设定的长远方向前行。

战略性资产配置策略一个经常被忽视的好处是能够减少投资的整体费用。要警惕影响你整体资产组合投资组合收益的两种最常被忽视因素：税收和费用。伴随着买入，特别是卖出过程，很多投资种类会产生相当高的费用，以及数目可观的税收。在设定你的战略投资组合时，事先考虑这些费用的影响，以便避免后来犯错时产生的高额费用。此外，对冲基金、私募股权、风险基金和不动产等资产有时不能马上脱手。

如果你需要动用这些钱，或者纯粹是不愿意接触流动性差的投资，那么在投资前就应该考虑这些因素。不要忘了，一项投资的收益只有在你将它出售之后才能"实现"，其余的时候，你的收益或损失只是停留在纸面上。你也可以决定少参与这些流动性不强的投资。

当你追求目标时，战略性资产配置意味着提高你的成本意识，太过频繁地从一种资产换到另一种资产，或者购买资产都会产生费用。

战略性资产配置的另一个重要的优点是可以帮助我们避免破坏成功投资的两大祸害：恐惧和贪婪。制定明确的计划，预先配置想要持有的资产，可以让我们较好地避免在市场价格上升时买入，以及价格下跌时抛出。事实上，遵循你的资产配置规划，你就可以做到低买高卖。这是多好的建议！风水轮流转，牛市总会出现，金融热潮时有发生，鸡尾酒会上充斥着最新投资消息！通往亏损的道路上铺满了因为错误的原因而进行的糟糕投资。按照战略性资产配置策略的指引，我们便能走上一条康庄大道。

当然，仅仅拥有战略性资产配置规划还不足以保证成功。例如，当1970年6月宾夕法尼亚州中央铁路宣告破产以及OPEC油价从1973年10月的每桶1美元开始上涨到每桶4美元时，很多投资者认为这是美国经济开始衰退的迹象，利率水平会因此而下降。这些人可能建立过自己的战略性资产配置规划，所以长期债券是他们投资组合的大头。

我可以想象，当时看起来非常合理，但他们没预见到一点，美国10年期国库券的利率在之后的几年里一直上涨，到1981年涨到了15%以上！在这种情况下，战略性资产配置建立在错误的猜想基础上，造成了10年或更长时间里一系列错误的决策。这种痛苦的投资经历也可能会在错误的时候导致投资瘫痪，虽然当时更需要的是决断力和彻底的反思。

战略性资产配置思维可能因为在本质上和表现上过多强调长期目标，而与非常有吸引力的投资机会擦肩而过。例如，高收益

第6章
着眼大局，也要走好脚下每一步路

债券有时会经历较长时间的优异表现，之后是同样很长时间的糟糕表现。这种长期的波动使得它们非常不适合那些买入并长期持有的投资者。高收益市场接连好几年产生非常客观的收益时，过分死板地遵循长期规划可能会使你错失千载难逢的机会。这种长期的波动伴随着高收益的机会，在很多商品市场上也很常见。这种类型的投资对那些买入并长期持有的投资者来说是雷区，但是利用得当，它们完全可以实现投资组合总目标。

战略性资产配置策略还存在一个问题，对于某种类型的投资者，他们有特定的年龄、拥有特定数量的财产、对经济和金融市场长期发展有着特定观点，它是非常合适的，一旦情况改变，就会立刻变得不适合。

如果不留心，那么在自己和生活发生变化的时候，你可能无法及时调整战略性资产配置策略。人的年龄在增长；健康状况在变化；家里的孩子会长大，会上大学，会有他们自己的孩子；事业发展也会有改变；一场选举或地缘事件可能改变人们对世界的看法。

他们会因此而在资产配置方面变得更加保守或更加激进；他们可能会从自己老板那里得到限制性股票或者期权，从根本上改变他们的经济条件；他们也可能会继承遗产。

形成符合你目标、现状、观念和投资前景的战略性资产配置策略需要时间，但这种规划并非一成不变。英国著名经济学家凯恩斯曾经说过："情况改变时，我会改变观念，你呢？"良好的判断力、开明的头脑、灵活应变是保证战略性资产配置成功的基本要素。

战术性资产配置：均值回归

战术性资产配置对战略性资产配置的潜在不足是一种有益的补充。你需要宏大的计划，但也需要时常回顾和调整这个计划。战术性资产配置促使你在关注大局的同时，对自己和不断变化的世界形势保持警惕。你去旅行之前，会有个行程安排。你知道自己想去哪里，有一个大概的计划。很多时候，特别是坐飞机旅行的时候，旅程不会完全遵循你的计划。航班可能会晚点，道路可能被封锁，行李可能会被弄丢，所以我们必须调整原有计划。

根据形势变化，针对资产配置的权重做出灵活调整，不管这种变化来自个人因素还是市场或经济变动。在评估资产的重大变动时，战术性资产配置也可以发挥优势。只要时机成熟，你可以利用战术性资产配置策略来调整战略性资产配置中各资产类别的权重，从而在预期的短期价格变动中占据先机。

战术性资产配置策略促使你对资产类别进行分析，找到和突出可能创造巨大利润的资产类别，发现和弱化可能产生较小利润或负面影响的资产类别。 与"设定之后不再过问"的资产配置方法不同，战术性资产配置试图明确各种资产的价格低于还是高于它们本身的合理价值。了解你自身的长处和短处对采取战术性举动至关重要。

很大程度上，你利用战术性资产配置能否取得成功，取决于你是否能在既定时间判断一项资产的实际内在价值；这个资产的价格与它的实际内在价值相差多远；在什么样的条件下，价格会与价值相符。

战术性资产配置的另一个好处是能促使你更加频繁地回顾投资组合权重。这种情况在特定的资产类别之中也可能出现。例如，如果

第6章
着眼大局，也要走好脚下每一步路

你强烈感觉到政府马上要下调利率，那么你可以增加自己投资组合中国债的比例来取得长期债券的收益。你没有更换资产类别，但是投资组合内部比例发生了变化。战术性资产配置既可以针对投资组合中几个资产类别进行，也可以作为深入的投资组合再平衡的手段之一。

你可以卖出投资组合中具有价格优势的资产，它们在投资组合中所占比例已超出预期计划，补充另外一些价格下跌的资产数量。这些资产在投资组合中的比例已低于预期计划，再来一次低买高卖。

随着资产价格变化趋于平均值，投资组合再平衡可以达到最佳效果。投资专家很高深地称之为"均值回归"。这表示当资产收益在某段时间长期高于平均收益时，从某个点开始会长期低于平均收益；当资产收益长期低于平均收益时，从某个点开始会长期高于平均收益。例如，如果你的股票在1999年和2007年上涨幅度异常之高，而当时债券价格已经跌至历史低位，那么从战术性资产配置角度出发，你最好卖出一部分这种股票，买入更多债券。最后的结果表明，你对股票和债券的处理方式都是正确的。

沉迷高额存单，可能错过两次牛市

在各种不同时期，经济和金融市场情况都会有所变化，既有资本扩张、资产价格上扬，也有资本收缩、资产价格下滑。战术性资产配置策略力图让你的投资组合在预期的经济和金融市场发展中占据先机；而战略性资产配置策略力图给你指明正确的方向。战术性资产配置策略就像定期调整你的驾驶风格，在道路拐弯时减缓速度，在道路畅通时加快速度；战略性资产配置就是刚开始的时候把你放在道路上，不管是通向洛杉矶、温哥华、萨拉索塔、巴尔的摩或是任何你想去的地方。

如果你过分频繁地调整短期资产配置，就可能会高买低卖，这与我们所提倡的做法截然相反。过度关注投资组合，过分重视战术性资产配置过程，就像每隔几分钟就打开烤箱检查里面的蛋奶酥是不是鼓起来了一样。当投资组合中的资产表现良好时，这种狂热的举动可能会带来强烈的陶醉感和胜利感；当投资组合中的资产遭遇困境时，这种举动就会带来深深的忧虑感、绝望感和失落感。

经常打开烤箱门来检查蛋奶酥，很可能会让鼓起的蛋奶酥又塌回去。过度的情绪变化不利于冷静、理性地分析问题、做出决策，反而会出现错误，不假思索地决定投资。

如果使用得当，在不对投资组合做出全面深刻调整的前提下，战术性资产配置就能帮助你把握丰厚的投资机会；如果使用不当，战术性资产配置会导致烦躁情绪、过度买卖活动、高额交易费用的产生。在很多时候，高额税收也可能会蚕食投资组合获得的净收益。太过频繁的调整也需要耗费大量时间，本来你可以利用这些时间权衡特定资产本身的利弊，以及对比它与其他资产在市场条件下的情况。

战术性资产配置存在一个很重大的潜在缺陷，那就是可能会沉迷于短期投资组合调整之中，而忽视了决定投资组合长期成败的重要影响因素。这样的错误，就好比只见树木不见森林。

例如，20世纪80年代早期，那些庆幸通过像大额存单（certificates of deposit，缩写CDs）这样的短期现金工具取得高额现金回报的投资者，可能会与20世纪两次最大的牛市失之交臂：1981—2012年美国债券牛市和1982—2000年美国股票牛市。战术性资产配置不应过度活动、增添费用、短期交易频繁；相反，它应该深思熟虑、相时而动地调整投资组合，以期在资产价格和内在价值出现短暂偏离的时候把握获利机会。

简而言之，目光高远，着眼大局（战略性资产配置）；同时，睁大眼睛走好脚下每一步路（战术性资产配置）。从战略高度把握全局，从战术角度把握今天。

战略性资产配置的投资组合需要考虑这些因素：核心资产类别的长期投资权重、收益目标、风险情况，还有各资产的收益、波动性、在不同的经济和金融条件下相对其他资产类别的表现。

战略性资产配置策略的好处：一是能够减少投资的整体费用；二是能控制我们的恐惧和贪婪。

战术性资产配置策略力图让你的投资组合在预期的经济和金融市场发展中占据先机；而战略性资产配置策略力图给你指明正确的方向。

巴菲特资产配置箴言

第 7 章
CHAPTER 7

吃透自己对投资的热衷程度

了解和判断自己的投资观是最棘手的事情,然而也是最重要的事情。

THE LITTLE BOOK THAT STILL SAVES YOUR ASSETS

如何管理投资，进行资产配置规划？最重要的决定因素在于你自己。你想过什么样的生活？你应该问自己最重要的问题：你的投资目标是什么？你如何看待获利和亏损？损失和失去机会，哪种情况让你觉得更害怕？

为了成功打造一个投资组合，首先，你必须花时间了解你自己和你的目标。就像演员丹尼斯·霍珀在一个家喻户晓的电视广告中问的："你的梦想是什么？"从一开始，你就需要制定目标，公正地评估自己的经济现状，清楚自己对金融市场的心理状态和内心感情。在这本书的最后，有"你是谁"的小测验可供参考。

当你想到投资目标时，你的头脑中浮现了什么画面？你是否看见自己的子女在《威仪堂堂进行曲》（美国大学毕业典礼歌曲。——译者注）中走上讲台，接过毕业证书？你是否住进了那个乡村俱乐部宽敞明亮的新房？你是不是正抿着热带饮料，享受着无忧无虑的退休时光？有些人看见自己为心爱的母校或慈善机构捐献了一大笔钱。

我们每个人都有花钱的理由，都清楚自己为什么会进行投资。

第7章
吃透自己对投资的热衷程度

你看到了什么？这个问题的答案能帮助你形成投资规划，决定你资产配置的正确方式，帮助你把梦想变成现实。

女儿还穿着尿布，你却为她投资货币基金……

当设定投资目标时，我们需要考虑很多事情。其中最重要的一个就是时间范围。我们有多长的时间来实现目标，对我们选择资产有着至关重要的影响。如果两三年内就需要用钱，光凭这条就会自动排除一些资产类别。如果你的女儿还穿着尿布，蹒跚学步，那么你可能不会把她的大学储蓄投进货币市场基金（money market fund）。对于短线投资，你会关注现状和以下几步将要走的路；而对于长线投资，你关注的是你所处的位置与最终目标之间的差距。

对于十几岁的人，5—10年就好像一辈子，但对他们的父母和祖父母或者一个投资组合来说，5年、10年，甚至20年都可能过得像一周那么快。如果我们有长期目标，那么当前的经济形势可能对我们的总体规划影响不大，虽然它会影响我们的战术性调整。然而，随着年龄增长或目标期限临近，比如说还有10年时间，那么我们需要密切关注外在条件。

从长期来看，我们的资产配置规划应该考虑近10年的经济形势和环境。20世纪80年代跟70年代有所不同，90年代又与80年代和21世纪前10年完全不同。对经济形势和市场状况的了解关乎我们规划的形成。现在世界形势如何？地球是不是相对和平？是否有突破性的技术或医药面世，从根本上改变我们生活的世界？税收的发展趋势是什么？金融市场像20世纪90年代和2003—

2007年那样广受好评，还是像20世纪70年代和2007年后期至2009年早期那样令人崩溃？

你打造的投资组合和建立战术性资产配置策略都会受到这些关键性的环境因素影响。不管你挣钱的目的是什么，在投资之前，你都需要了解当前的经济和社会背景。

税前收益至少要 5.72% 才好生活

如果你心存高远、目标明确，那么你的资产配置和投资总体目标可以比作国家宪法，投资具体目标可以比作《权利法案》的细则。你的总体目标是在佛罗里达南部安度晚年，具体目标就是从每年的投资中获得10%的收益，从而实现这一总体目标。任何资产配置和投资活动都有两大重要目标，都与投资组合的收益和风险相关。

事实上，长线投资背景下的收益可分为两种：第一种是必要收益（required return），这是在缴纳相关税收后，为应对通货膨胀、税务、支付基本费用而必需获得的收益；第二种是期望收益（desired return），这种收益会考虑通货膨胀、税务、必需品、选择性的奢侈品等的支付费用。

为了区别和计算投资组合的必要收益和期望收益，你需要判断在考虑通货膨胀因素和缴纳相关税收的基础上，每年需要多少钱来支付基本费用：食物、住房、教育、保健和其他的生活费用，这就是你的必要收益。考虑通货膨胀因素和缴纳相关税收，每年的必要收益加上选择性奢侈品或非必需品的费用就是你的期望收益值。

第 7 章
吃透自己对投资的热衷程度

我们来看看这两种收益的计算过程。表 7.1 体现了一名退休的投资者每年的税后必要收益,这名投资者指望他的投资组合获得收入。基于这个例子,我们假设这名投资者每年税后收入需要 6 万美元,而他的投资组合价值 300 万美元。表 7.1 中第一步显示:第一年的税后收益目标是 2%。

我们的投资者需要从 300 万美元的投资组合中获得一个 2% 的税后收益,这样才能满足每年 6 万美元的费用。如果投资者在国家和地方的全部税率是 30%,那么每年投资组合税前收益比是多少呢?

表 7.1 的第二步体现了在考虑通货膨胀对投资者生活费用影响的基础上,如何计算每年的税前收益。为了在不出现大错的前提下简化计算过程,你将税后必要收益加上基本通货膨胀率或必需费用,然后再除以 1 与投资者的全部税率的差。

我们现在可以看到,为了支付税收和应付每年生活费用中的预估 2% 的通货膨胀率,投资者投资组合需要产生的税前收益率至少为 5.72%。一般来说,在考虑每年的理财计划和通货膨胀因素的影响,要注意以下 3 点:

1. 投资组合规模越大,资产配置的必要收益可以越小。相反,投资组合规模越小,资产配置的必要收益必须越大。

2. 投资者每年的生活费用中通货膨胀率越高,资产配置的必要收益必须越大。

3. 投资者的总体税率越高,资产配置的年度税前必要收益必须越高。

还有一种降低投资组合每年必要收益的方法，就是降低投资者年生活费用的绝对货币支出。换句话说，就是减少支出。这个方法对某些人来说很容易做到，而对其他人则比较困难。

表 7.1　计算投资组合年度必要收益

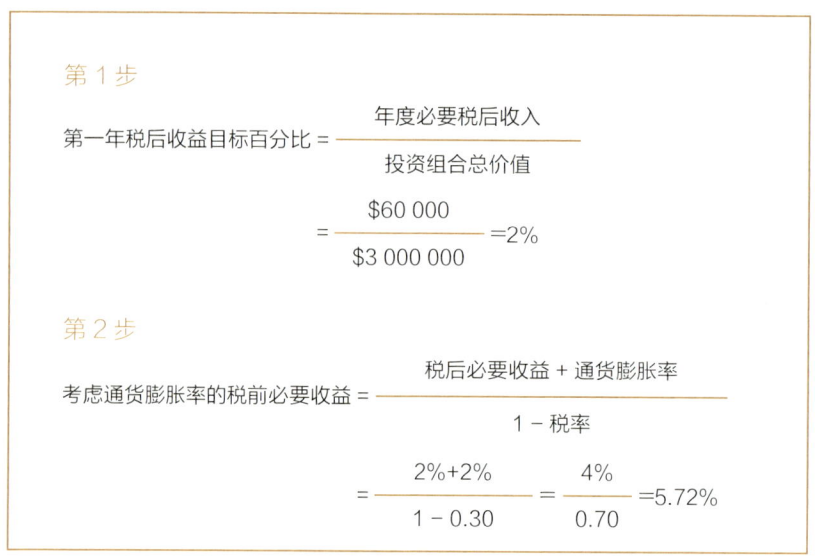

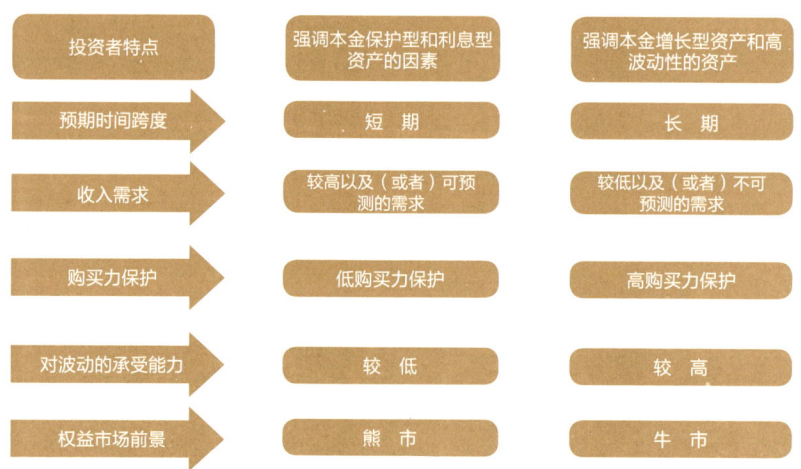

图 7.1　本金保护型资产和本金增长型资产

第7章
吃透自己对投资的热衷程度

"生理寿命"不同于"收入寿命"

正确理解和应对风险应该与考虑投资回报一样重要,但是我们经常轻视或忽视投资的风险。当我们考虑风险时,应该脚踏实地思考:哪里可能会出错或者哪里能如你所愿。1989—2000年间发生很多重大的改变。全世界当时还未从1987年股市崩溃中恢复过来,那是最大规模的股市崩溃事件之一。

20世纪90年代早期似乎预示了美国股市接下来会有一段沉闷寂静期,但是1989年11月,柏林墙倒塌了,东欧的资本主义浪潮很快兴起。苏联在1991年8月解体,使得之后的20世纪90年代市场一路上升。同时我们也看到了一股破坏性和意想不到的势力。科技股泡沫破灭了,好像所有的股票都在下滑。不要对这一时期的事件视而不见,因为同样的事情很可能再次发生。1997—2012年带给我们一个不同的世界,令人震惊和令人振奋的事件接踵而至,带来恐慌,也带来惊喜。

事实是,不管是好是坏,有些事情总会发生。很关键的一点是,我们应该做好准备,抓住机遇,迎接挑战。世界在变化,我们需要了解那些可能会影响我们的潮流,包括税率的上涨或下降。不管是好是坏,潮流都非常重要。

风险承受力是由你的能力和意愿两部分组成,这两部分有时可能会出现不一致的情况。你承受风险的能力受到的影响因素有资产总值的大小和形式、每年的消费需求、短期的流动性需要。而你承受风险的意愿受到的影响因素有你获得财富的方式、过去输赢的投资和生活经历、自身对投资组合规模的认识。

当你清楚自己想要达成的目标、梦想是什么，以及为了实现目标和梦想必须付出的努力后，你需要考虑其他几种因素。在你规划投资组合时，它们与你个人情况密切相关。

首先是你的投资期限。大体上说，投资期限越长，你的投资组合能承受的风险就越高。关于你的投资时间有两方面特别重要。

第一，你可能有好几个投资期限。你明年要买一辆新车，女儿 7 年后要上大学，你离退休时间还有 21 年。你需要明白，自己的生理寿命跟收入寿命是两个不同的概念。一名 40 岁的人希望 55 岁退休，而他的双胞胎兄弟可能计划工作到 75 岁才退休。他们虽然年龄相同，但是投资期限不同。

相对于你的消费需求，你有多少钱进行投资，这一点可能会在很大程度上影响资产配置的方式。我碰见过一些人，他们的生活和消费方式相当节俭。我也遇到过一些有钱人，他们总是声称自己入不敷出，因为他们在房产、喷气式飞机、游轮、养马或其他爱好上一掷千金。

第二，你的资产从何而来非常重要，是创业成功，还是继承遗产？是从几十年的辛勤劳动和勤俭节约而来，还是从拉斯维加斯一次豪赌而来？一般说来，你的资产规模越大以及对拥有资产的贡献越多，你愿意承受的风险也越高，而你在资产配置框架内纳入的流动性不强、期限较长的资产也越多。

这是一件很有意思的事，那些耗尽心血取得成功的企业家总是会愿意承担更高的风险，选择更长远的角度看待投资，可能因为他们觉得即使亏损也可以重头再来。靠继承遗产发家的投资者在投资方式上往往更加保守。在很多情况下，更激进但也不是毫

第7章
吃透自己对投资的热衷程度

无顾忌的方式从长远来看能取得成功。

在一定程度上，沃伦·巴菲特把自己定位成了一位风险投资家，因为他在价格走低时集中持仓，然后做好了对这项投资长期作战的准备。但是根据推测巴菲特会在手头持有大量现金，从而帮助他顺利渡过难关。还有其他几个问题对你必要收益有着重要影响。你生活费用的通货膨胀率大概是多少？你的资产总额是否足够多？能否产生足够支付这些费用的税后收入？为了满足你的消费需求，你是否愿意花费投资组合中的一部分本金？你应该承担的总税率是多少？它们会不会随着时间有所改变？

考虑投资所需的流动性对我们很重要。一些流动性需求我们是已知的。比如，强尼明年需要戴牙箍，你新买的房子需要分期付款 18 个月，这些事情你现在就知道。

请记住你可能会遇到未知的流动性需求，如果历史上经常出现这类事情，那么假设这类事情会发生在你身上也很顺理成章。一棵树倒在车库上，需要维修车库；强尼现在就需要戴牙箍；那座海边小屋突然要出售；爸爸病倒了。稳定和随时可用的投资类型应该成为你投资组合的一部分。税收在投资规划中也占有很大的比例。个人税收情况很重要，而且你得明白它会根据法律、收入来源和居住点变化。每种资产类别都有特定的税收。

在进行资产配置时，你需要考虑税收因素，但是注意不要让这种考虑过多影响你的投资活动。很多时候，我遇到一些投资者，明明知道自己应该出售一个升值幅度很大的资产，但是一直不采取行动，直到这种收益可以按照免税代码（tax code）长期持有。假设一位投资者投资的房地产在 2007 年 7 月有大幅的增值，但是他决定等 6 个月再出售，以期获得更好的税收优惠。

到 2007 年 12 月，这些收益很大部分已经不复存在，这位投资者也很难再以期望的价格卖出这些房产，因在为接下来的 4 年多时间，房价持续走低。

巴菲特的言论总比小道消息可靠些吧？

我们还需要考虑自己对投资的基本态度和观点。一些人一辈子天生乐观，有些人终其一生都畏首畏尾，还有一些人容易受到外界力量、朋友观点、大众意见的影响。你是哪种类型的人无关紧要。所有的影响都可能帮助你取得成功，就像一些优秀投资者一样，有些人永远缩手缩脚，有些人总是高歌猛进，还有一些人一有风吹草动就改变观点。重要的是你要清楚自己是哪种类型的人，然后诚实地回答这个问题（在这本书的最后有"你是谁"的问卷）。

当你清楚地看到自己的个性特点时，就像打高尔夫球一样，可以相应地调整自己的击球幅度。如果你发现自己总是把球打向右边或者左边，那么你可以调整自己的站姿、击球幅度，甚至是目标。如果你发现自己打的高尔夫球毫无方向，那么你也可以对此进行调整。了解和判断自己的投资观是最棘手的事情之一，但也是最重要的事情之一。你的投资观会受到来自各方面资讯的影响。朋友、理财顾问、媒体和评论员都能影响你的思维。当涉及金融和经济事件时，你应该时常思考信息来源的可靠性。一条由沃伦·巴菲特发表的言论可能会比某个网络聊天室里的小道消息可靠些。

第 7 章
吃透自己对投资的热衷程度

这个观点是基于你自己的研究，还是来自某个经纪人的报告，或者是与航运业的山姆一次喝咖啡聊出来的？当这些资讯与你的投资，也就是与你的梦想相关的时候，你应该思考它们来源的可靠性。

在特定的资产配置和投资背景下，每个人都有关于保守、中庸或激进的不同观点。你采取的方式可能会受到几个因素的影响。你如何应对波动和损失？在金融市场上，你对自己的能力和知识有多自信？你想达到什么目标以及你愿意付出多大的努力？你的投资心态不仅会体现在你的投资选择中，而且会影响到你是否会超越特定资产类别指数所表明的投资成果。

了解自己对投资的热衷程度也比较重要。你在开车时抓方向盘抓得有多紧？你在餐馆吃饭时看账单看得有多仔细？有些投资者是全身心投入，而有些投资者则相对游离，你是想自上而下，还是想重点突破上层？你对投资组合分析的频率和形式有多细心？你是否进行了资产性能评估？如果有，评估方式是怎样的？我们都需要一个战略性的视角，但是我们每个人都要根据自身情况采取合适的战术性再平衡方式。

从本质上来说，对于短线投资，你会关注现状和以下几步将要走的路；而对于长线投资，你关注的是你所处的位置与最终目标之间的差距。

长线投资的收益有两种类型：必要收益和期望收益。必要收益需要考虑通货膨胀、税务和生活基本费用，期望收益在此基础上还需要考虑奢侈品和非必需用品的费用。

在你的投资组合中，应该有些与股票和债券这些常规资产类别不同的资产类别，两者之间的收益相关度很小。

巴菲特资产
配置箴言

第 8 章
CHAPTER 8

树长不到天高，天也不会塌下来

　　判断一个投资组合的基本标准，不是其在一帆风顺的情况下的收益，而是其收益是否与风险匹配。

THE LITTLE BOOK THAT STILL SAVES YOUR ASSETS

"回归月球"还是"回归痛苦"？

有涨必有跌。这是数学、统计学，甚至是物理学上都普遍适用的法则。应用到一组数字上时，"均值"这个词语只是"平均数"的另一个华丽名称而已。"回归"（reversion）的意思是"倒转或回归"，因此，"均值回归"意味着随着时间推移，一些事物通常会回归它的平均值。用在投资上，"均值回归"或"回归均值"的概念是指在几个投资周期之后，大部分资产产生的收益通常是它们的长期平均收益。

例如，当20世纪80年代中后期的日本股票收益远远超出它们的长期平均收益时，从某个时刻起，这种收益越来越可能出现"均值回归"，也就是收益接近甚至低于长期平均收益。1989—2012年晚期发生的情况证实了这一点。

在20世纪90年代，美国股票市场，尤其是科技股，收益远远高出平均值。21世纪伊始，它们出现"均值回归"，而且在达到平均值之后还一直下降。高品质的债券在20世纪90年代最后几年表现不佳，但是在2000—2012年成为一种高收益的投资类型。

第8章
树长不到天高，天也不会塌下来

每次一种资产类别朝一个方向偏摆得太多时，最后总会摆向另一个方向，唯一的差别是偏摆幅度和时间长短。关于"均值回归"最难以琢磨的事情就是高于平均值的收益什么时候会接近或者低于其长期平均值，或者低于平均值的收益什么时候能接近或者高于它们的长期平均值。

金融史充分证明了判断"收益持久度"和"收益回归度"的困难性。如果一种资产类别收益表现高于它的平均值，并不代表资产价格会在某个时间随时下跌，手头没有上述股票的人，或者是在日本股票持续走低时持有太多日本股票的人，他们是深有体会。

记住，当逆转确实发生时，资产价格逆转变化往往会超出它们的长期平均值。借用华尔街的行话，"回归月球"（reversion to the moon）意思是收益持续超出平均收益值；而"回归痛苦"（reversion to the moan）被用作描述收益低于平均值的时间比预计时间长很多的情况。

让我们迅速看看"均值回归"如何帮助你的投资组合与目标保持一致，更重要的是，能省掉你不少麻烦。分析单个行业组在标普500指数中的百分比，是我追踪股票的一个很重要的手段。这种比较简单的方法帮助我判断：什么时候一个行业组增长或下降过多？

以20世纪90年代的科技股为例。1995年，科技股只占标普500指数的10%，但是到了1999年，科技股已经飞涨到28%，而到2000年早期，更是以30%以上的比例完美封顶。不用对单只股票做出判断，人们已经可以看出，科技股这个行业组的收益已经远远超出了其平均权重，均值回归的趋势非常明显。如果你遵循了这一规律，决定减少对科技股的投资，那么这一举动将大大减少你后来可能出现的痛苦。与此同时，能源股已经从 9%—10% 的平均比例下降到 5%。

关注均值回归的投资者应该会考虑从科技股转向能源股。你甚至都不用对经济或金融形势进行进一步分析，光凭这一理念就能做出有利于你投资组合的正确决定。关于均值回归的保护功能，还有另外一个例子：2006 年晚期，金融股在标普 500 指数中所占比例为 21%，从几年前低于 10% 的比例一路上涨而来。注意到这一现象的投资者应该削减他们投资组合中的金融股。正如我们现在所知道的，从 2007 年晚期直至 2009 年早期金融股发生的状况证明，这是最明智的做法。

68% 的情况下，REITs 收益率在 31% 和 -3% 之间

投资就跟生活一样，会给每个人带来各种各样的风险。"风险"这个词的内涵比它的语法功能要多。风险的类型有很多种，那么当我们讨论风险时，具体指的是什么呢？

有购买力风险，也就是由于通货膨胀而贬值带来的损失；有价格风险，很多资产每天都会经历价格变化，而且很多时候变化并不如我们所愿；利率风险代表利率改变对我们固定收益资产的影响；信用风险指的是证券发行人不能偿付我们在证券上的投资。资产可以重新估价或贬值；各种货币总是此起彼伏；市场时涨时落；经济会受到波动和变化的影响。我们时常需要警惕所面临的和将要承担的风险。

在投资领域，有两种基本的应对风险方式：一是主动寻求风

第 8 章
树长不到天高，天也不会塌下来

险，选择历史上更具波动性的投资，以期获得更高的收益；二是规避风险，完全避免任何有可能出现损失的投资。这两种态度都对投资组合的收益有着巨大的影响。那句古老的箴言"不入虎穴，焉得虎子"用在金融市场上再合适不过。

获得收益是所有努力的关键。资产配置和投资的全部意义在于保护你的资本和获得满意的收益率。你的收益可能来自分红和利息，或者是长期投资产生的资本收益，如股票或房地产的升值。资产类别中有些收益额是固定的，而有些则是难以预知和随市场波动的。

预估资产的未来收益既是一门艺术，也是一种科学；既需要了解过去，也需要把握现在。预估大多数资产类别的收益，首先需要考虑近 1 年、3 年、5 年、10 年、20 年时间里该资产实际产生的收益额。对于不同的资产类别，收益预估的方式不同。就股票资产类别来说，收益的估算要考虑以下因素：实际收益（real earnings）的增长、预期通货膨胀率、市盈率（price-earnings ratio）和既定期限内预期分红。对于固定收益的资产类别来说，计算收益的变量包括当前利率、通货膨胀率、发行人的信用度，以及利率和通货膨胀的预期变化。

资产配置过程中最常用到的一个概念是标准差（standard deviation）。相关网站有介绍这个概念，理财顾问也会告诉你特定投资的标准差，因此，你肯定知道它的含义。用开车来打比方，标准差是一种相对直接的测量方式，测量你的车子偏离道路中心有多远。用在理财上，用来计算某个资产在一定时期内的平均收益，然后计算实际收益与平均值偏离多少，以及偏离的频率是多少。这种计算方法可以让我们了解这个资产的波动性，资产实际收益已经偏离平均值有多远。很多时候，这个方法可以帮助我们判断某个资产何时可能出现"均值回归"。

标准差的统计学意义非常重大。以2006年年底的房地产投资信托基金为例，房地产投资信托基金股份10年间平均收益率为14%，标准差为17%。从统计学的角度出发，我们知道在68%的情况下，房地产投资信托基金的收益率会在31%（14% + 17%）和 –3%（14% – 17%）之间。当看到2006年31%的收益率时，我们知道收益率远远超出了平均值14%，因此，可能需要削减投资组合中这种资产的比例。极少数的情况下，可能会遇到年收益率偏离平均值2倍的情况。

根据统计学原理，这种情况出现的可能性只有5%。例如，标普500指数的10年平均收益率是8.5%，标准差为19.1%，那么95%的情况下，预计实际收益率在 –10.6% 和 +27.6% 之间。如果在报纸上读到股票市场今年下滑25%，我们知道可能遇上了罕见的两个标准差，这时应低价买入。对于波动性不大的资产，该方法同样适用。

在2006年年底，通货膨胀保值债券（treasury inflation protected securitied，TIPS）的年收益率是6.2%，标准差为4.5%。看看2006年全年通货膨胀保值债券的收益率都只有0.4%，很快就能判断出通货膨胀保值债券的收益率可能要上涨，这时明智的做法是增加通货膨胀保值债券在投资组合中的权重。你不一定要知道怎么计算某项资产类别的标准差，知道如何使用就行。从理财顾问或其他理财资讯那里，你应该会得到关于各种资产类别标准差的信息。

第 8 章
树长不到天高，天也不会塌下来

资产类别超过 15 种，多元化特征便不明显

在资产配置和投资过程中，我们会关注不同资产的相互关系。我们想知道在同样经济条件下，某种资产是否会与另外一种资产出现同样的反应。人们非常关心相关性，因为在很大程度上，资产配置的好处取决于我们找到收益稳定但处于低位（最好是负值）的资产类别。我们不想自己的投资组合中各资产表现完全相同。在很多方面，合理的资产配置就是找到互不相关的资产类别。

从数学上讲，相关度介于 +1.0 和 -1.0 之间。相关度为 1.0 表明几个资产表现完全一样；相关度为 -1.0 表明几个资产表现完全不同，受到同一经济、金融事件的影响完全不同；相关度为 0 表明两个资产之间没有明显的相关性。

我们怎样利用这个方法来管理资产呢？假设距离你退休还有 30 年时间，你决定组建一个以增值为目标的投资组合。你希望资产能从长期发展中获益，并且随着时间的推移而发展壮大。你会投资一些股票，但是你又想买些增长型的资产，并且与股票表现不一样。它们对同一经济或金融环境的反应有差异。

在第 1 章的表 1.5 中，我们看到通货膨胀保值债券的历史年平均收益率是 7.6%，与股票的相关度只有 0.21，因此，你会考虑将通货膨胀保值债券纳入你的投资组合。黄金的历史年收益率是 18.8%，你知道在通货膨胀时期黄金通常比较走俏，而且黄金与股票的相关度不大，股票走低时，黄金也可以有良好的表现。所以我们利用两者走势不一样的特征，将黄金也纳入到投资组合中。国库券、管理期货与股票的相关度通常是负值，因此，我们也可

105

以将这些作为你投资组合里的一部分。

我们希望利用相关度来帮助你组建一个符合你的目标的投资组合，其中的资产在某些时候走势会有不同。这样应该可以为你提供实现目标所必需的收益，同时在一定程度上缓解波动性。拥有一个平衡、资产互不相关的投资组合能让你晚上安心入睡。

为了保持健康，你需要均衡饮食、食用不同的食物。同样，为了合理管理投资组合风险，在资产配置中，你需要将资产分到好几种不同的投资当中去。多元化资产配置需要持有相当数量的资产，它们各自受到经济、利率、政治、货币、通货膨胀，还有其他因素的影响都有所不同，它们产生的收益方式各不相同，加上对标准差的分析，可以降低整体投资组合的波动性。

尽管人们关于投资组合中应包含的多少不同资产类别意见不一，比较保险的说法是，6种资产肯定比3种资产要更多元化，而3种资产比1种资产要更多元化，但是15或16种资产类别与10或12种相比，多元化特征并不明显。因为资产类别超过10或15种之后，数量越多，分配在每项资产上的时间就会相应减少，积极监控和管理每种资产的精力也会减少。因此，有时投资者可能会犯下投资组合过度多元化的错误。在你的投资组合中，应该有些与股票和债券这些常规资产类别不同的资产类别，两者之间的收益相关度很小。

合理进行投资组合多元化的关键是什么？是相关性。你想拥有一套真正多元化的投资组合，而不是一堆相关度很大的资产。例如，如果你有两只大盘股基金、一只价值型基金、一只国际型基金，那么你的投资组合可能还不够多元化。这些资产类别之间存在正相关性。也许你的固定收益投资组合里面有市政债券、国库券和一只国际型债券基金,那么是不是就足够多元化了呢?恐怕距离你的预期有一定的差距,因为它们对市场动态和利率波动的反应比较相似。

经济全球化趋势越来越强,在投资组合中加入一点国际化元素并不足以保证多元化的效果。在这种情况下,为了追求多元化,你可能会考虑房地产投资基金、不动产、管理期货以及可转换债券(convertible bonds)。

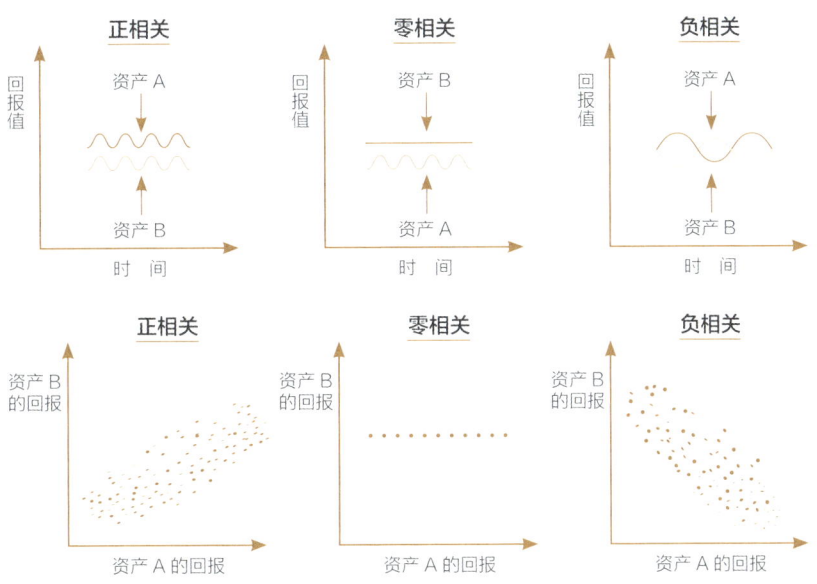

图8.1 正相关、零相关和负相关的图示

1926年投资标普500到2011年翻3 036倍

资产配置和投资中,最重要却经常被忽视的一个方面是复利。

复利最基本的意思是让财富随时间而增长。瑞士人有句话可以应用在复利上："滚雪球越滚越大的秘诀在于山坡够长，积雪够深。"复利的另外一个重要的特征是期限长度和后期阶段的持股时间。例如，1项年利率为8%的资产在20年间用复利计算，41%的总收益是在最后的5年时间内（占整个周期的25%）获得的。

复利指的是在不撤资或很少撤资的情况下，让你的资产在一定时间内保持增长；而再投资指的是将分红或利息收入重新投入到原来的投资之中，以求获得更高的收益。如果时间足够长，再投资对资本增值的意义很大。例如，你持有1 000美元债券，收益率为10%，30年到期之后返还本金和利息，同时你每半年还可以收到5%的息票利率，每年两次，即每年100美元，息票收入总计为100美元/年×30年=3 000美元。

如果让你在这30年按照债券的盈利方式获得10%的收益，那么你需要每年两次将50美元的利息收益进行再投资，使其获得10%的实际收益。同样的盈利方式也适用于一般的股票投资，即将红利进行再投资。

1926—2011年，如果你或你的祖父母在标普500指数中投资过1美元，并且将分红进行再投资，那么你的资本应该已经涨到3 036.51美元了。但是，如果你把这些分红拿来吃喝玩乐，那么你可能只能得到109.89美元。对大多数股票和固定收益资产来说，再投资是构成长期收益非常重要的部分。

利用工具计算比率和形成投资组合规划，需要数学方面的较高造诣。不是每个人都能做到这一点，所幸的是，今天我们可以找到很多软件和网络资源，直接获得计算的最终结果。重要的是

第 8 章
树长不到天高，天也不会塌下来

你能够理解这些方法以及正确地使用它们，这样它们才能帮助你组建一个成功的资产配置规划。

树长不到天那么高，天也不会塌下来，但是你可以将复利的果实存到银行里。

分析单个板块在标普 500 指数中的百分比，是投资者追踪股票的一个很重要的手段。这种比较简单的方法帮助我判断：什么时候一个板块增长或下降过多。

在投资领域，有两种基本的应对风险方式：第一，主动寻求风险，选择历史上更具波动性的投资，以期获得更高的收益；第二，规避风险，完全避免任何有可能会有损失的投资。

标准差可以让我们了解这个资产的波动性，资产实际收益已经偏离平均值有多远。

6 种资产肯定比 3 种资产更多元化，而 3 种资产比 1 种资产更多元化，但是 15 或 16 种资产类别与 10 或 12 种相比，多元化特征并不明显。

巴菲特资产
配置箴言

第 9 章
CHAPTER 9

别人感情用事时，你发财致富的机会来了

无论市场环境是否糟糕，保持一个良好、稳定的心境和思维，对获取长期的投资成功是至关重要的。

THE LITTLE BOOK THAT STILL SAVES YOUR ASSETS

为了给后代留一些财富，我的一名客户决定将一大笔钱投资在一只股票基金上。这个基金的条款规定，21年里不能启用或更改。我们以每股18美元的价格大量购买了这只股票，几天后她气急败坏地给我打电话："戴维，那只股票跌到每股17.875美元了！"引用这个故事的用意在于：这名投资者本来信誓旦旦要为长远考虑，但是她根本无法信守自己的承诺。

投资规划获得成功最重要的因素不在于市场，也不在于经济。虽然这两者很重要，但远不及了解我们自己重要。为了取得成功，我们必须直面自己的思维方式和情感特点。对于金钱、风险，甚至控制感，人们都不同程度地保留着自己与生俱来的偏见和情感。如果我们预先了解它们，诚实面对真实想法，我们就更有可能减少失误。理解自己的情感和心理还能帮助我们利用他人的情感失误，当他们因为抑郁抛售资产时，我们可以买入；当他们因为得意忘形买入资产时，我们可以卖出。也就是说，我们可以做到低买高卖。

我们的头脑非常神奇。对于同样的事物，它可以在不同时候有不同的解读，有时甚至发生在同一时刻。有时我们的大脑相当

第9章
别人感情用事时，你发财致富的机会来了

有洞察力；有时我们对简单事物却视而不见。有时我们能清楚地把握全局，明白孰轻孰重，有时却目光短浅。有时我们相当执拗，跟自己的想法较劲；而有时候我们随波逐流，连自己为什么要这么做都不清楚。

经济学家通常是比较理性的人群，在理解和解释经济和市场如何运作时，他们非常重视数字和数学的作用。他们可能不会想到，纯粹的数学结果会在心理学的作用下如何被扭曲。他们毫不理性地假设，投资者在进行投资时总是保持理性的。

数字会在心理学作用下扭曲

在20世纪的最后20年里，一群聪明人开始质疑这一概念。他们提出一个问题，如果情感和心理因素对我们生活的其他方面都有影响，从人际关系到午餐内容，我们如何能在金融事务上保持绝对理性呢？他们开展了很多有趣和富有独创性的实验，然后得出了一个比较合理的结论：我们不能在经济与金融上保持绝对理性。

我们的想法、情感、好恶都会影响我们的理财方式，就像影响生活的其他方面一样。这些聪明人开创了一门叫做"行为金融学"（behavioral finance）的全新学科流派。他们发现人们面对市场时，总是会采用某些不正确的方法。我们没有从失败中汲取教训，而是为了追求捷径省掉了成功必须付出的努力。当进行理财和资产配置时，这些因素会让我们在错误的时间做出错误的决定。

让我们来看看这些研究者们发现的一些规律。如果发现了自己思维过程中潜藏的地雷，我们或许可以避开它们。情感和心理

的作用非常强大，如果让它们为我们而用，而不是与我们为敌，那么我们取得成功的可能性就会大大增加。

首当其冲也是最危险的一个错误就是过度自信。我们在不同程度上都深受其苦。我们总是高估自己的能力；事实上，我们都如加里森·凯勒（Garrison Keillor）在小说《梦回忧愁湖》（*Lake Wobegon*）描述的那样："女人强壮，男人帅气，小孩不一般。"

关于这点最好的例子就是误把运气当成才气。20世纪90年代末，我知道很多教师、主管、销售人员辞掉了原来的工作，做起了股票交易员。有些人卖掉了自己的产业，加入到互联网的浪潮中。他们都觉得自己是股市神猎手，能够从思科（Cisco）、微软、亚马逊和雅虎这样的大公司股份中分一杯羹。

当年收益率达到100%时，你很容易变得飘飘然，觉得自己是除索罗斯和巴菲特之外最伟大的投资者。这些自封的奇才越来越自大，盛筵散去后还久久回不过神。后来他们不得不在萎靡的经济环境中重新寻找生计，更糟的是，他们赢得的收益全部化为乌有，甚至在很多情况下，连老本都赔了进去，一切都得从头再来。我们需要知道自己擅长什么，不擅长什么。任何时候都不能把运气当成才气。走运是好事，但是不要以为自己很聪明，这种运气就会时常光顾你。

我们犯的另一个大错是在面对市场和生活时，不够灵活，过于教条。玛蒂尔达姑妈品味高雅且非常热心，过生日时她给我们织毛衣、毛毯，每个假日都会带来软糖和饼干。她的思维比较古板，不愿意做出改变。在她看来，儿子小强尼永远长不大，举止粗鲁，尽管小强尼已经45岁，结了婚并有了两个学业优秀的孩子，

第9章
别人感情用事时，你发财致富的机会来了

还变成一个成功的经理。不管事实跟她的想法如何不一致，玛蒂尔达姑妈就是不愿意改变观念。对于新想法和新观念，我们要保持开放的心态。

除在政治领域之外，可能没有其他地方比在金融市场更容易发现这种刻板、教条化的思维方式。我碰到上千位这样的投资者，他们的僵化思维使自己错失良机。他们不愿意读到任何与自己观点不一致的消息，或者考虑任何别人的观点和想法。如果他们喜欢科技股，那么他们读的报纸和听的评论都是赞成科技股的，拒绝与任何认为科技股估价过高的人交谈。

反过来也是这样。我碰到很多天生小心翼翼的投资者，他们总是认为世界末日就在今天，如果下午5点之前世界没有毁灭，那么最迟明天也会毁灭；他们很不情愿去琢磨资本主义、人类的劳动和创造力最终可能会获得胜利，就像过去的历史证明的一样；他们错失很多能够参与到这个进步和创新的社会中的好机会。

我们必须保持开放的心态。不同的资产在不同的时期会受到追捧。在有些年里，科技股会一枝独秀；而在有些年里，金融股或商品投资会脱颖而出。资产配置的意义在于将我们自己置身于这个不断变化的世界和市场中，并且从中获取收益。

行为金融学中提到一个词"框架"（framing）。框架指我们看待自己投资的方式。当我们接到一个电话，里面提及一些火爆的投资，华尔街经常冒出一些轰动性事件，我们会不会被冲昏头脑，毫不考虑这种投资会对整体投资组合产生什么影响？我们是否会问自己：这种投资放在投资组合中，是否有利于最终实现目标？

考虑投资时，我们应该从大局出发，并且在长期目标的前提下

判断新观念的可行性。不要像买衣服那样去投资，如果不小心买了一件可笑的紫红色衬衣，那么可能会让你不高兴 3 个月。但是如果跟风买了一只股票或基金而被套牢，那么可能会让你难过更久。

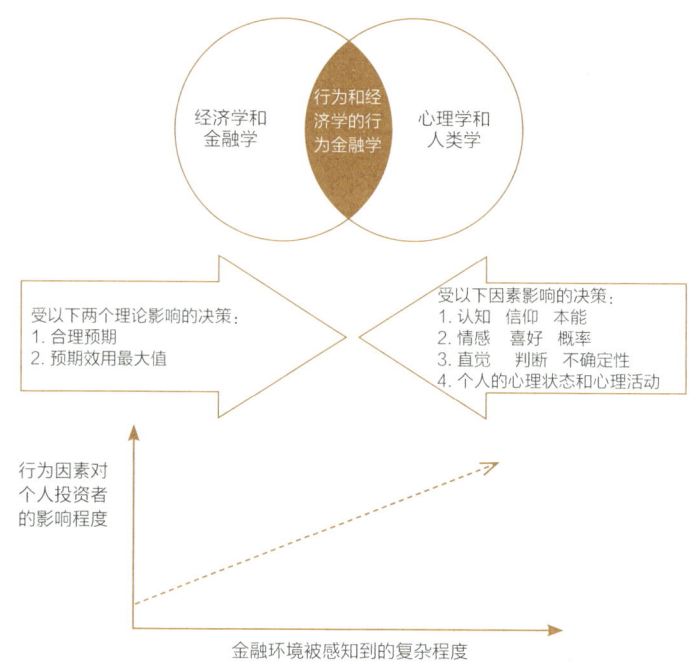

图 9.1　个人投资者的某些行为特点和模式图示

行为金融学：为"聪明人"开创的一门课

对待投资时，我们需要从实际出发。我们希望某项资产有杰出的表现并不代表它就会如我们所愿。每个人都倾向于夸大自己想法的作用，觉得自己肯定是正确的。这就是人类的本性，我们在生活的各个方面都是如此。我们确信自己选择的候选人肯定能赢得选举，自己拥护的球队肯定会在"超级碗"中大获全胜。

第9章
别人感情用事时,你发财致富的机会来了

有人倾向于高估投资的风险。我们花费太多时间担心投资的短期风险,尤其是对于那些我们不熟悉的投资。我们过于重视短期市场波动,没有顾全大局。资产配置规划应该让这些短期浮动为己所用,我们应当避免高估或低估这些风险。

对一些人来说,熟悉可能会滋生轻视,但是我发现投资领域中更常见的是陌生导致恐惧。资产配置之所以能发挥作用,是因为它迫使我们根据特定的目标将不相关的多种资产汇聚起来。为了规划晚年生活,或者有足够的钱在结婚30周年纪念日的时候去环游世界,我们需要一些不同的投资,这样在市场上涨时能带来丰厚利润,在市场下滑时能规避一定风险。

为了做到这一点,我们可能需要将一些新的、自己不熟悉的资产纳入投资组合中。如果我们因为自己不熟悉房地产、某种商品投资或管理期货而拒它们于千里之外,我们很可能就实现不了投资目标。我们应该改变墨守成规的习惯,不让旧习惯成为阻碍前进的绊脚石。

研究者还发现,人们往往执着于错误的信息。当回顾投资过程时,我们要么为某只股票的售价比本金要少而焦虑,要么当某个投资的价格上升到一个新高,就迫不及待地把它卖掉。我们做决定时很少深思熟虑。某个特定投资本身也不会知道我们花费多少。我们需要重新评估每项投资的前景和潜力,最重要的是,问问这项投资现在为什么适合我们总体的投资计划。

如果某项投资的价格上涨到一个历史新高,但是上升幅度还处在历史范围中,那么在它还有上涨空间的条件下,为什么要卖掉它呢?如果某项投资贬值程度低于当初买入价,未来还有可能继续贬值，同时我们又急需用钱，那么已有的损失不应该成为我们抛售的阻碍。与其遭受更大的损失，比如当孩子上大学急需用钱时却两手空空，还不如承受一些小损失，换取一些现金。

我们也倾向于过多忧虑可能的损失。尽管2007—2009年标普500指数跌价抛售已经过去，我的一名客户还是担心2009年早期会出现另一场股市大崩盘，于是做出了一个小心翼翼且死板的决定：他将所有的资本全部转换成现金，然后等着第二次大崩盘的降临。标普500指数从2009年3月的666点涨到2012年8月的1 400点以上。我们似乎天生害怕承受损失。研究表明，在大街上，有些人因为弯腰会让口袋里的一毛钱掉出来，而情愿对脚底下的一块钱视而不见。就算是有利的改变，我们也往往待在原地，不愿动弹。对损失和改变的排斥心理，使得我们的投资方式过于保守和谨慎，因而错失很多摆在眼前的机会。

研究者发现，我们经常犯的一个常见错误是过于注重短期效果。我们让今天的新闻主宰自己的想法，彻底忘记了自己的长远规划。接下来，你就会发现我们一直在追赶市场，通常是远远地从后面追赶。商品投资价格今天上涨了，于是我们今天投资商品；医疗保健股价格下降了，于是我们抛售医疗保健股。

我们让电视节目、报纸、杂志或网站信息随意影响我们的投资组合，我们留心一些新闻，但是忽视了其他新闻和事件。这种管理投资组合的方式过于随意，与合理的资产配置方式背道而驰。从长远计，当管理投资组合时，我们希望均值回归的规律能为我们所用。这就意味着要留心当前事件，但同时不能让其主导我们的想法。在关心重要的消息和潮流的同时，我们需要着眼于大局。

第 9 章
别人感情用事时，你发财致富的机会来了

人类还有一种自然的倾向就是从众。大多数人都是社会性动物，我们喜欢与别人在一起；成为集体中的一员让我们安心又愉快，如在听音乐会或观看重大体育赛事时。然而在股市中，群居本能可能很快就让我们互相踩踏，虽然跟别人进行同样的投资可能会让人觉得安心。如果我们认识的所有人都投资房地产或持有苹果公司股票，那么我们在买入它们时会觉得更自在些。如果所有人都在抛售黄金，那么我们会想是不是自己也应该这样做。别人知道什么我们不知道的东西？选择从众，你就会高买低卖。

买领带考虑了 8 周，满仓仅用 8 分钟……

关于如何处理信息，我们也有着各自的偏见。有些人做决定时参考的信息太少。买一条领带或裙子要考虑 8 周，但在做关乎生活和资本总产值的投资决定时，只用了 8 分钟电话讨论时间。买新车或电冰箱时，会花 3 个月搜索相关信息，但一顿饭的时间就可以彻底改变自己的资产配置规划。有人对不同信息感到困惑不解。就算我们不主动去搜寻信息，各种信息也会铺天盖地而来。即使你不读报纸、杂志，不浏览网页，不看电视，不听收音机，各种信息还是会渗透进你的世界，无论是在办公室、健身中心，还是在咖啡馆。

在信息的狂轰滥炸下，我们很容易不自觉地将资金平均分配到各种投资中。另一个极端是，这些信息流让我们不知所措。有时想想我们的重点不在管理投资组合，而是朝着我们的目标、梦想努力，这样可能会有帮助。我们应该讲究方法，从最终目标角度出发。

我们都有各自的偏见和心理怪癖。重要的是，尽可能多地了解它们，并且让它们为我们服务。我们应该了解自己，问问身边的人，你的配偶、搭档和朋友，最好是问问你的弗兰克大叔，让他们开诚布公地评估你的优缺点。如果你因恐惧而投资，你就会过于保守，永远实现不了目标。

当我拿着自己的长期资产配置规划去找我的弗兰克大叔时，他提醒我有时过于保守，投资了太多国库券和通货膨胀保值债券，还有我总是过多配置现金和蓝筹股资产。弗兰克大叔帮助我反思，这种方式是否真的有助于实现我的目标。我们必须了解金融市场萧条和繁荣的周期，因为它们从过去到现在以及将来都存在。

谨记，虽然随波逐流可能比较安逸，有时甚至还会有所收益，但是资产市场出现关键转折点的时候，随大流做出的决定往往是错误的。如果我们感到害怕或过于灰心，就应该深吸一口气，重新评估下潜在的积极成果。如果我们对某种投资兴奋过头，就应该考虑坐下来喝一杯洋甘菊茶，好好掂量下投资风险。

你的投资方式应该有条不紊、细心谨慎；事先做好充分调查；关心当下的新闻动态，时刻从大局出发；了解自己的长短处；当你听到一条很令人激动的消息时，问问自己它与你的投资规划是否相关。你买那只股票是因为大局需要，还是因为自我膨胀？

你的投资规划跟你邻居、经纪人或亲戚的投资规划都不一样。只要把重点放在要实现的目标上，调控好自己情绪的起伏变化，你就能组建和管理好自己的资产配置规划，同时利用别人感情用事时犯下的过错来发财致富，而不是因为自己犯错让别人沾光。

资产配置成功最重要的因素不在于市场，也不在于经济，而在于投资者是否具备正确的投资心理。

首先，你要避免过度自信，不要把偶尔的运气当成才气。你要从实际出发，正确认清自己投资的风险与收益。作为一个总揽全局的资产配置人士，你必须要有长远的眼光，不能过于注重短期效益。

其次，要避免从众心理，这最容易导致高买低卖。

再次，投资要理性、客观，有偏见或带着过于恐惧、兴奋的情绪去投资是一件很危险的事。

巴菲特资产配置箴言

第 10 章
CHAPTER 10

你需要为每匹马找到合适的骑师

如果一位基金经理能和你同舟共济，那么我想你一定放心。因为这能避免在遭遇困境时不负责任地冒险。

THE LITTLE BOOK THAT STILL SAVES YOUR ASSETS

平庸与优秀之间收益差 5% — 20%

最近一次坐飞机，我碰到一位健谈的旅客，我们相谈甚欢，从证券市场聊到马里兰州的海鲜。谈话之中，他提及自己喜欢赛马。他并不常去，而且赌得不多，但是他每年都去肯塔基州的莱克星顿市参加蓝草锦标赛 (bluegrass stakes)，他非常享受这偶尔一次的赌博。我问他如何挑选马匹，他说他有一套惯用的规则。"但是我告诉你，"他说，"如果让著名骑手埃德加·普拉多（Edgar Prado）骑着一匹农场老马跟名马'海洋饼干'（seabiscuit）比赛，我可能会把赌注押在那匹老马上。"

在他看来，普拉多是一位非常优秀的骑师，他的骑术可以抵得上马的许多优点。他在各种天气、不同赛道都能自如骑行，获得胜利。投资也是同样的道理。资产类别就是我们的赛马，但是我们需要确保自己拥有最好的骑师，无论在什么条件下都更有可能获得胜利。

一些赛场条件对任何骑师都是一样，同样，某些资产类别，如政府债券、大盘股、现金投资通常来说都是易于操作的。信息量比较充足，每个人做出投资判断基于的信息都大同小异。也就

第10章
你需要为每匹马找到合适的骑师

是说,这时骑师的水平差异不会对收益产生多大的影响,收益水平主要取决于赛马本身。这时骑师的作用只是坐在马背上,确保马不会中途打瞌睡或跑出跑道。一旦你考虑投资某种不易操作、信息不透明的资产类别,你花时间、精力和资源来寻找优秀的骑师就变得至关重要。

小盘股、新兴市场股票、高收益债券这样的资产类别,要求骑师熟悉跑道环境,并且在各种跑道环境下都能比赛。其他的资产类别,如对冲基金、管理期货等,就像埃德加·普拉多骑的那匹农场老马,这一切都是管理者的功劳。还有一些资产类别,如房地产和私募股权,你需要一个熟悉赛场、经验丰富的当地骑师,他应该具备投资者买入或卖出的某种行业资产的专业知识。其他专家研究表明,这些资产类别选择平庸的骑师或优秀的骑师中间的收益差别每年是5%—20%!在恶劣的赛场环境下选择不同骑师跟在完美的赛场条件下相比,前者造成的差别比后者大很多。

选对了资产类别,但是选错基金经理,也会导致全盘皆输。如果你到了赛场,发现世界上跑得最快的马在科尼马场的第六场比赛中奔跑,而我就是骑师,那么你千万不要把赌注押在那匹马上!你可能会选对马,但是你选的骑师肯定是错误的。归根结底,投资经理的选择就是对人做出判断。不管你是亲力亲为还是请投资顾问帮你发挥优势,你都需要评估投资经理是否熟悉赛场环境,还有在过去不同的环境中他们的表现情况。

对很多资产类别来说,基金经理的选择最终可以归结为积极投资与消极投资。在消极投资中,你只是试图复制特定资产的构成和收益;在积极投资中,你要做得与原来的资产类别一样好,甚至更好。消极投资用在指数基金上比较方便，这样的投资管理费用较低。另外，很多ETF已经成为一种方便、易行的交易方式，与资产类别、次生资产类别，甚至行业资产的投资状况表现相近。

积极投资面临着多种选择。你可以在每个交易日结束时，利用常规的开放型共同基金买卖股票。此外，还有很多封闭型共同基金只能在各种证券交易平台交易，而不能自行申购或赎回。因为他们的发行量固定，所以无需担心投资者会赎回基金，因而跟常规开放型共同基金相比，他们能够频繁投资流动性不大的资产。

根据考虑的投资类型不同，资产经理的信息在细节、时间、范围和客观性方面都有差异。这方面可用的独立资讯很多是免费的或收费较低，还有些是需要付费的。对于指数基金、ETF、开放型和封闭型共同基金，你可以在网上找到过去投资的基本情况，以及投资结果的评估等级。你也可以去找这些网站的纸质版：《福布斯》（www.forbes.com）、《巴伦周刊》（www.barrons.com）、《彭博商业周刊》（www.bloombergbusinessweek.com）、《华尔街日报》（www.wsj.com）、《投资者商业日报》（www.investors.com）。

关于基金，包括持有特定基金的更加详细资讯可以通过下面的途径找到：理柏公司（lipperweb.com）、晨星公司（www.morningstar.com）或更广泛资讯提供者，像彭博社（www.bloomberg.com）、汤姆森路透（www.thomasonreuters.com）和Faceset（www.faceset.com）等。所有资产管理公司的网站上通常会有他们机构的背景资料，以及他们可提供服务的资产清单。

对于对冲基金和FOF等另类资产，你可以在这些网站找到不同程度的详细内容：对冲基金研究网站（www.hedgefundresearch.

com)、瑞士信贷 Tremont 指数公司（www.hedgeindex.com）、对冲基金投资顾问公司亨勒斯集团（www.hennesseegroup.com）和其他专业网站。管理期货基金信息可以在巴克莱商品交易顾问（www.barclaygrp.com）找到。像房地产、油气利率、木材利率、私募股权和风险基金等资产类别的基金经理的某些信息可以在康桥汇世投资顾问公司（www.cambridgeassociates.com）找到。

图 10.1 资产配置和投资策略中的战略性原则

哈佛财务主管："你不但要发现真相，还要直面真相。"

找到不同资产类别的基金经理需要不少功夫，不是所有人都有足够的时间或资源来做好这件事情。你必须心甘情愿地做一些调查，有时必须想出比较有创意的方法，挖掘出与这些基金经理相关的金融媒体资料，甚至是政府文件。你必须能够在纷繁的信息中筛选出一个清晰、明确的基金经理形象：他是谁？他在不同的工作环境中表现如何？请记住，在定位和评估基金经理的很多时候，你是在与一些久经考验的专业人士较劲，他们有着广泛的人际交往资源和群体性经验。

为投资组合和总体目标挑选最好的资产经理需要付出一定努力。鉴于这点,你要做出一个非常重要的决定:你是打算自己做调查工作,还是请专业人士帮忙?

就某个市场或资产类别而言,可能你具备专业的知识,因此,你可能会在那个领域自己挑选基金经理,而对于你不熟悉的领域,你会依赖专业人士帮你做判断。如果你的投资规划包含一些流动性不强的资产类别,如对冲基金、管理期货、私募股权,那么你可能需要一个顾问来帮助你挑选合适的基金经理。

不管你选哪条路,都可以通过一些基本的重要问题评估和选择投资经理。下面列举了评估和选择基金经理的 10 个重要问题。

1. 职业道德:你能否提供自己专业经验和道德标准的书面声明?
2. 理念和方式:你投资理念和方式的核心宗旨是什么?
3. 投资优势:你独到的投资见识、专长和优势来自哪里?
4. 原则和工具:在判断什么时候买入、持有和卖出一项投资时,你采用什么原则和其他工具?
5. 人力资源:你如何吸引、招募、训练、评估、补偿和激励你的专业同事和后勤员工?
6. 历史业绩:在不同的市场条件下,你的收益如何保持持续性、稳定性和多元化,以及收益的标准差与其他资产收益相关度是怎样的?
7. 经验教训:你如何将自己的世界观和既往投资失败教训应用到预估、保护你的投资组合上,使投资组合不受重大风险影响?
8. 成本:你是否能提供自己投资管理服务所需的成本、营业额和税收效率的详细情况?

9. 捕获比（capture ratios）：当你的资产类别价格上涨时，你通常能捕获多大比率的收益（收益捕获比）？当你的资产类别价格下降时，你通常会受到多大比率的损失（损失捕获比）？

10. 才能：关于你的投资管理才能，在我没有问到的问题中，你最希望我知道并理解的是什么？

你需要的有些信息可能在诸如市场文献和说明书等书面材料中难以找到。你或许可以通过博客、Facebook、推特、谷歌和雅虎找到一些信息，但是有些信息肯定需要通过直接交流才能得到，不管是电话、电子邮件还是面谈。评估基金经理的10个问题中，很多问题所指向的信息可以通过投资经理的书面市场材料或网站找到。

如果你不能找到那份清单上所有问题的答案，或者其他对你来说很重要的答案，你可能需要更换投资经理人选，并且考虑寻求额外帮助来找到合适的投资经理。

因为寻找基金经理需要花费大量时间，并且必须具备专业知识，很多人因此而决定请这方面的专业顾问帮忙。如果你决定采取这种方法，你就要找到一个细心、勤奋和可靠的顾问，他熟悉所从事的领域。这不仅意味着他们拥有良好的判断力和见识，也表明他们了解自己的知识水平和能力高低，并且在这个范围内发挥作用。简而言之，他们知道自己能耐多大，不会在不熟悉的领域装腔作势。

你用来挑选投资经理顾问的信息很可能来自私人会面和后者

的书面材料。以下是评估和挑选投资经理顾问的 5 个基本问题：

1. 标准：对于评估和挑选投资经理，你认为最重要和最不重要的定性或定量标准是什么？
2. 流程：你用来寻找、认可、监管和解雇投资经理的具体流程是什么？你是否能提供具体解雇投资经理的证据、频率和理由？
3. 经验：你是否能从自己最成功和最失败的投资经理挑选经历中，发表一些对以下这些类型投资经理的见解。

    （1）具备分析性，比较容易找到；

    （2）具备分析性，比较难找到；

    （3）不具备分析性，但是特别重要。

4. 成功因素：你能提供什么证据证明自己有能力挑选一流的投资经理？
5. 附加价值：在挑选投资经理时，你的独特之处是什么？为了你的股东（客户、雇员、总经理），你怎样把这种能力转化成附加值？

除以上的 5 个方面之外，如果你考虑请一位顾问帮你找到投资经理，那么你应搜寻以上 10 个问题的相关信息：职业道德、信息来源、理念和方式、人力资本、历史业绩、经验教训和费用等。

选择投资经理和顾问归根结底是对人的评估。为了做到这一点，你需要具备洞察力、智慧、耐心、情商，还有能感觉出事情不对劲的第六感。曾经的哈佛大学财务主管保罗·卡伯特（Paul Cabot），是 20 世纪最成功的资产配置家之一。他说过："你不但要发现真相，还要直面真相。"如果事情有些不对劲，或你不是特别

第10章
你需要为每匹马找到合适的骑师

安心,那么必须深入挖掘。如果你找不到自己犹疑的原因,那么你可能需要为自己的骏马寻找其他骑师。

判断预备投资经理或顾问最重要的标准之一是透明度。这位投资经理的投资过程、投资决策、投资处境、投资成败经历等相关信息是不是很容易找到和评估?

有些信息可能涉及所有权问题,还有些信息因为规章制度不能公开。不管怎样,很重要的一点是,你或你的顾问对投资经理所做的工作有充分的了解。你应该充满信心,对于你们有权利也有需要知道的信息,一定可以想办法获得。

评估基金经理的10个问题中提到的一条是捕获比。这个比率告诉我们骑师在良好的赛场环境中如何取得好的成绩。知道这一点很有用。令人满意的捕获比根据资产类别的波动强度和持续时间呈现出差异性。

我们知道自己的骑师在干燥的跑道上一马当先,压倒全场,但我们也想知道当天气糟糕、跑道泥泞时,他的表现如何。你的投资经理能在资产类别走势不佳时迎难而上、创立奇功吗?你需要了解他捕获的平均收益以及平均损失情况。

你还会想知道他在最好和最坏时期的收益情况。这位投资经理转败为胜的时间需要多长?他获胜的频率有多高?与其他骑师相比,他在比赛中被打败的概率多大?跟资产类别的标准收益相比,他捕获的收益是高于还是低于这个标准?

如果小盘股基金经理建仓 IBM，那么你可以考虑解雇他

对一些资产类别来说，某位投资经理可以长时间保持行业领先地位。我们把这一现象称为"持久业绩"（persistence of performance）。对另外的资产类别来说，投资经理在长时期内取得持续成功非常困难。投资经理的工作流程和观念在困难的市场和经济条件下能否行得通，这一点非常重要。尽管下面提到的几个信号不能保证获得持续的收益，但它们起码表明成功的可能性有所增加。我们想看看员工离职率这样的资料。

如果人员一直变动，那么想法和信息的质量也会一直变化。这名投资经理所在公司的企业文化是否强调传统和讲究系统方法？他们对自己的工作是否热情？再聪明的人，如果对工作漠不关心，那么他们顶多是泛泛之辈。他们是否尊重和时刻监测他们所管理的资产类别风险？

在生活的各个方面，我们的成败既取决于我们努力做的事情，也取决于我们选择不做的事情。挑选投资经理也不例外。如果我们能够从那些低效、莽撞、虚伪的投资经理那里把自己的钱拿回来，或者最好避免跟他们投资，那么我们能够节约时间和金钱、免于痛苦和减少机会成本，相当于一开始就不聘请这位投资经理。借用医生们行医前的希波克拉底誓词："首先，不伤害。"在挑选投资经理的背景下，我们可以说："首先，远离糟糕的投资经理，不让他们有机会对你造成伤害。"

糟糕的投资业绩常见表现具体如下：投资机构不正常和破坏性的工作环境、自我膨胀、缺乏团队合作精神、妒忌、不忠诚、背

后中伤、内部斗争等。这些都会削弱公司的投资表现。解雇投资经理还有另一个合理理由，就是你发现他们偏离或抛弃商议好的投资过程和方法，而你需要的正是这种投资过程和方式。如果你的小盘股基金经理开始买入 IBM 的股份，你可能就需要考虑更换骑师了。

当你发现自己的投资经理有意或无意地拿你的资金去冒险，而与你们当初约定好的背道而驰时，就是跟他们分道扬镳的好理由。这些风险可能包括范围很广的一些危险理财行为。比如，打理政府债券的投资经理开始买入复杂、不稳定的资产抵押债券（mortgage securities），或者你保守的蓝筹股投资经理开始利用保证金投资，可能你就需要重新评估和考虑更换投资经理，找到一位能坚持做好你聘请他们做的事情。

挑选合适的骑师引导好的马群，对成功实现你的长期规划至关重要。不管你只是想获得预期的特定资产收益，还是想从长远角度获得超过这一标准的收益，你都需要给每匹马配上合适的骑师。仔细监控投资经理的表现，可能需要比监控投资组合更仔细。确保投资组合在赛场上表现较好十分关键，因为这会让你把梦想变成现实。

评估和选择基金经理有以下 10 个方面的重要问题：职业道德、理念和方式、投资优势、原则和工具、人力资本、历史业绩、经验教训、成本、捕获比、才能。

评估和选择投资经理顾问的 5 个方面基本问题：标准、流程、经验、成功因素、附加价值。

这样的投资经理你应该解雇：糟糕的投资业绩、偏离与抛弃与投资者商议好的投资过程与方式。其中糟糕的投资业绩包括投资机构不正常和破坏性的工作环境、自我膨胀、缺乏团队合作精神等削弱这家公司的投资表现。

巴菲特资产配置箴言

第 11 章
CHAPTER 11

投资组合需要配备多少保护性资产?

保护好投资组合,坚决抵制贪婪的侵袭,把自己的投资方式局限在安全而有限的范围之内,成功就指日可待了。

THE LITTLE BOOK THAT STILL SAVES YOUR ASSETS

兴趣周期图：保护投资组合

英语中"保护"（protection）这个词来源于两个拉丁语词：pro，意思是"在前面"，tegere，意思是"掩盖"。对于很多投资者，投资组合保护指的是可以保护投资者全部或部分投资组合避免损失的一些资产配置策略、投资工具和投资心态。从心理学角度讲，人类在原始的恐惧和贪婪感驱使下，力求保护自己不受损失。了解自己的心理状态固然重要，同时你也需要清楚你和其他投资者恐惧和贪婪感根据市场周期的自然波动水平。图11.1描述了恐惧和贪婪如何随着市场的变化而变化。

在牛市的早中期，投资者保护投资组合的兴趣从中等程度降到较低水平。随着牛市的深入，到达更高级、成熟或许是投机的程度，投资者对投资组合的保护兴趣受到投资者个性和自我意识的影响会越来越强。在这种情况下，谨慎的投资者开始寻求方法保护自己的既得利益，而不太谨慎和不太敏感的投资者可能会采取美国《幽默杂志》（*Mad Magazine*）里阿尔弗雷德·E.纽曼（Alfred E. Neuman）的想法："我根本无需担心！"随着资产价格到达顶峰，

第11章
投资组合需要配备多少保护性资产？

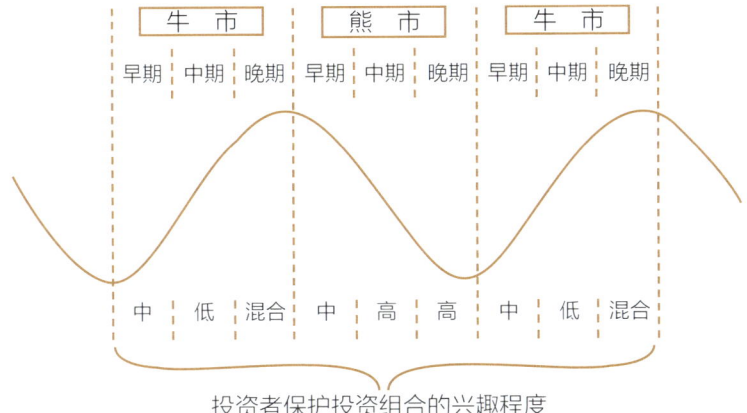

图 11.1 投资者保护投资组合中的兴趣周期

并且开始下滑，人们的风险意识逐渐增强。谨慎而明智的投资者继续保持警惕，或许会加强保护措施。过分乐观和激进的投资者指望这种跌价抛售只是暂时的，而价格还会再创新高。当熊市价格下滑的资产开始在中期恢复势头时，越来越多的投资者开始考虑和搜寻各种资产保护方式。在熊市末期，人们保护投资组合的兴趣非常高，折射出投资者强烈的挫折感、幻灭感和绝望。

近几年，投资者可用的投资组合保护策略越来越多。在这些年里，保护投资组合的方式已经从纯粹多元化发展到资产配置。在找出几条主要的保护投资组合途径之前，明智的做法是记住下面几点：

1. 保护投资组合最好的但经常被忽视的方法之一是保持合适的多元化程度。
2. 一份书面的投资目标声明在动荡时期能起到关键作用，让我们不至于在转机即将出现的时候主动放弃。

3. 如果你有疑惑，请找弗兰克大叔，他会给你提供关于市场和你个人的合理建议。

"出售别人财产的人，要么归还要么进监狱。"

回想资产配置的要点之一就是寻找不相关的资产。保护投资组合最直接的方法之一就是同时持有多种主流资产类别，在市场环境不佳时，总会有一项资产脱颖而出，如黄金或通货膨胀保值债券。这些资产通常在通货膨胀率高的环境下有不错的表现。你可能还会考虑纳入食品和制药股票，在经济衰退时期它们会保持坚挺，产生稳定的分红。为了防范严重的地缘政治剧变，你可能会将某些管理期货加入整体的投资组合。

为了成功地配置资产，你希望在整个投资世界似乎都失控的情况下，拥有一些能保值的资产。套用英国诗人鲁德亚德·吉卜林（Rudyard Kipling）的话："当周围的人都失去理智时，你希望自己仍能保持清醒。"有些资产类别与其他资产类别产生收益的方式相关度通常较低，如国内和国外现金工具、管理期货、贵金属、商品、石油、天然气、木材利率和通货膨胀挂钩证券。

正如华尔街传奇人物丹尼尔·德鲁（Daniel Drew）所说："那些出售别人财产的人，必将赎回这些财产或被送进监狱。"同样的道理也适用于股市。当股票价格下降时，你可以从经纪人那里借入股份，并在市场上卖出以赚取利润。如果你的预测是正确的，股票价格下降，那么你只需把这些股份买回来还给经纪人。价格跌得越厉害，卖空的利润越大。当然，如果价格上涨，那么你也

第11章
投资组合需要配备多少保护性资产？

需要以更高价格把这些股份买回来，接受赔钱的事实。投资者一般可以通过对冲基金来进行卖空操作，因为这类基金全部或主要针对的都是这种投资策略。在2005年和2006年年初，各种资产类别或特定资产的次生产品采用多种共同基金和ETF来实现卖空。有些这样的基金可以创造2倍以上的正收益或负收益。跟资产类别或工具纯粹的卖空不同，卖空基金的风险有限，投资者的最大损失不会超出投资范围。因此，卖空型共同基金和ETF可能被纳入个人退休账户，而纯粹的卖空活动则不会，这一点你可以咨询自己的税收顾问。保护自己没错，但是一定要知道代价多大。

最重要但最不被了解的一个风险是国内货币的贬值。不要忘记，我们生活在一个经济全球化的世界里，我们的投资组合应该真实地反映现实，而不是符合我们的想象。货币对投资组合中的国际资产有着相当重大的影响，最好的情况是，你买入的外国资产价格上涨，它所指向的外币相对于本国货币升值。最坏的情况是，你买入的外国资产价格下跌，它所指向的外币相对于本国货币贬值。

到目前为止，中小投资者仍难以承受不利货币浮动带来的风险。多亏引进了ETF，人们现在通过其他途径可以接触到相对流动的廉价货币，而不仅仅通过传统的由国家制度主导的现金和衍生的外币市场。有史以来第一次，你可以以合理的价格轻松进入本国以外的多元化货币市场。衍生产品（derivative）指的是随着如股票指数、债券指数或一组商品等标的资产的价格变动而产生价格变动的一种理财手段。关于是否有权利或义务买卖标的资产，远期（forward）、期货、期权和互换（swap）各不相同。各种类型衍生品的定价千差万别，保证金或抵押物的数量和类型范围不胜枚举，但这些都是必须了解的。从根本上说，各种类型衍生品对投资组合的保护是通过保护标的资产的不利波动来实现的。

例如，为了针对股票下降进行保护，你可能会卖空股指期货。你也可能会考虑买入股票看跌期权，这样可以以固定价格卖出标的指数，而当股票价格下降时能获得收益。大部分时候，衍生产品交易最好交给专业人士来做，而且是你信任的专业人士。想利用这种金融产品的投资者最好不要自己大包大揽，去挑选一只或几只更为专门的对冲基金或管理期货基金。

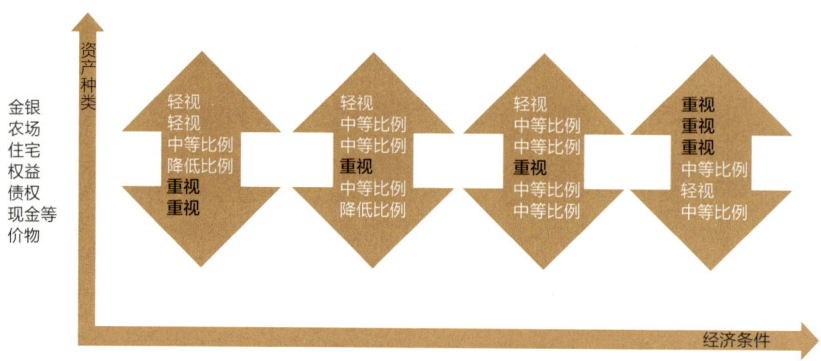

图11.2 不同的经济条件下一般的资产比例

金融风险中，常规组合亏30%但保护组合可赚40%

很多形式的资产保护所需成本不可见，有一些潜在成本，如购买力的下降、为了保护投资投入大量的钱却失去其他理财机会。保险不是免费的。从心理学上讲，人们倾向于认为，如果真有坏事发生，而保险又正好能挽回这部分损失，那么花点钱买保险也是值得的。但是，如果晴空万里，用不上保险，那么我们可能会

第11章
投资组合需要配备多少保护性资产？

盘算钱是不是花得不值。而事实上我们真的可能花得不值。你可能因为太注重保护资产不贬值而错过了某个资产价格上涨的时机。当然，很多广受欢迎的投资组合保护策略都有公开的费用支出，如佣金或对冲基金管理费。了解可能使用的任何类型投资组合保护的公开和潜藏费用，对你来说都至关重要。

投资组合保护跟其他种类的保险一样。你的承保范围多大？你打算接受多大的免赔额？你投保的价值多大？资产的价值越高，免赔额越低，保护的成本就越大。为了增大保护程度，你是不是想给一件特别珍贵的珠宝或者古董装个雷达？你的保护程度越大，费用就越高。投资组合的保护是同样的道理。一般说来，覆盖面越大，保护程序越复杂，你所支付的费用就会越高。

当你增大投资组合保护程度时，还需要考虑其他方面。假设在与你的顾问谈话之后，或是与弗兰克大叔喝咖啡、吃饭之后，再经过仔细考虑，你得出结论：当处在金融风险之中时，你的常规投资组合价格平均下降30%，而你的投资组合保护资产会升值到40%。表11.1说明在投资组合配置不同比例的保护性资产类别或投资策略，能够比常规的投资组合更能规避损失。

如果50%的投资组合内容分配给保护性资产类别或者投资策略，整体投资组合的结果可能会是+5%，而不是-30%（见表11.1中Ⓐ）；如果30%的投资组合内容分配给保护性资产类别，那么整体投资组合的结果将会是-9%，而不是-30%（见表11.1中的Ⓑ）；如果只有10%的投资组合内容分配给保护性资产，整体投资组合的结果将是-23%，而不是-30%（见表11.1中的Ⓒ）。表11.1还体现了因为常规资产类别比例不同，整体投资组合结果的下降情况（-20% 和 -40%），还有因为不同比例保护性资产类别的加入，整体投资组合收入的上升情况（+10% 和 +40%）。你的投资组合需要配备多少保护性资产，会受到特定时期你的目标、投资前景、持有资产、个人经济条件影响。你能否承受损失，如果可以，可以承受多大？你的理财需要是什么？你什么时候需要这些基金？了解自己，了解自己的需求。

表 11.1 保护投资组合

常规资产与保护性资产比例	常规资产下降比例	保护性资产上升比例	整体投资组合收入
50%：50%	-20%	+10%	-5%
		+40%	+10%
	-30%	+10%	-10%
		+40%	+5% Ⓐ
	-40%	+10%	-15%
		+40%	0%
70%：30%	-20%	+10%	-11%
		+40%	-2%
	-30%	+10%	-18%
		+40%	-9% Ⓑ
	-40%	+10%	-25%
		+40%	-16%
90%：10%	-20%	+10%	-17%
		+40%	-14%
	-30%	+10%	-26%
		+40%	-23% Ⓒ
	-40%	+10%	-35%
		+40%	-32%

保护投资组合最直接的方法之一就是持有几种主流资产类别，在市场环境不佳时脱颖而出。

大部分时候，衍生产品交易最好交给专业人士来做，而且是你信任的专业人士。想利用这种金融产品的投资者最好不要自己大包大揽，去挑选一只或几只更为专门的对冲基金或管理期货基金。

增大投资组合的保护成本，投资者一是需要考虑其成本，二是保护程度与投资组合的资产价值是否相匹配。

保护投资组合最明智的做法需记住：保持合适的多元化程度、坚定投资目标、寻找弗兰克大叔的建议。

**巴菲特资产
配置箴言**

第 12 章
CHAPTER 12

"生命周期投资"的三块基石

影响资产配置的比例有两个原因：你的人生规划和经济周期。在进行比例的调整时，要充分考虑这两个方面的变化。

THE LITTLE BOOK THAT STILL SAVES YOUR ASSETS

人力资本曲线对阵财力资本曲线

　　必需品的概念在生活的各个领域都存在。如果坐飞机去旧金山，你就必须要有张机票。如果开车长途旅行，你就必须带上GPS或地图。如果要做岩鱼配黑豆沙司，就必须有岩鱼片和黑豆。如果让你带领一支棒球队参赛，你就必须找到9名队员、球棒和手套。你能明白这个道理。不管是平凡还是伟大的任务，都必须具备一些条件才能完成。当然，成功地实施资产配置规划也必须具备一些理念和指导方针。这些条件能帮助你实现目标和理想。周围世界在改变，人的寿命在变长，医疗和社会保障条件不平衡，使得这些必需品的重要性更加明显。

　　当你年岁渐长，接受教育，获得有助于你职业发展的技能时，你就拥有了一种非常重要的资产：人力资本。这是你毕生财富来源。你能在多大程度上将这种人力资本转化成财力资本取决于这样一些因素：收入、开销、生活方式、应对税负或通胀的方式。

　　全面考虑人力资本能帮助你判断自己能承受多大风险，以及

第12章
"生命周期投资"的三块基石

在你人生的各个阶段应注重哪种资产。图12.1显示了一个典型个体一生的人力资本和财力资本比例变化情况。

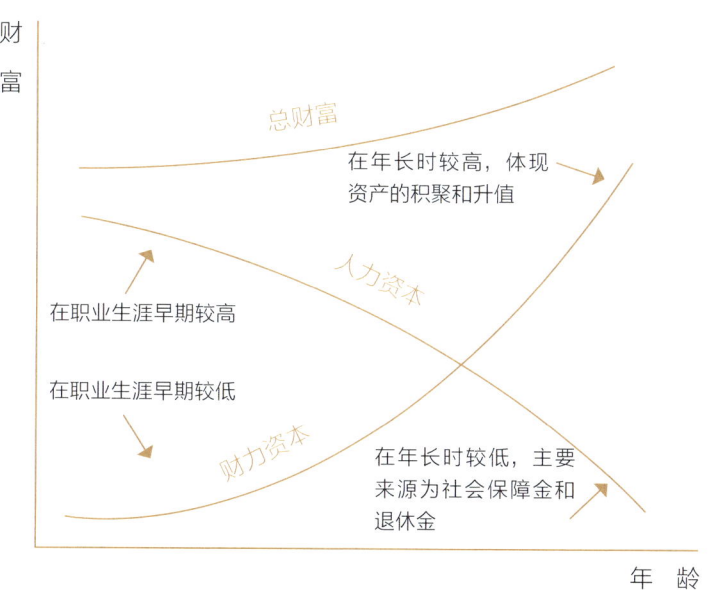

图12.1 投资者职业生涯中的人力资本和财力资本曲线图

记住一点很重要：我们每个人的情况不同，因而将人力资本变成财力资本的路径可能不会像图12.1中的曲线那么平滑。

生活方式、做出的选择、金融市场的波动、经济环境等因素都会影响人力资本向财力资本的转化过程。我们收入的来源也会对此有影响。华尔街的交易员跟有固定收益和退休金的教授相比，前者的人力资本曲线图波动要大，即使这个交易员最后的财力资本更多，但其人力资本可能更少。

对我们大多数人来说，人力资本的原理就像债券，人力资本向财力资本转变过程稳定而持续。对一些爱冒风险的人来说，这种转变可能更像股票，中间会有暴涨和倒退。

大多数情况下，挣钱的早中期，我们在分配新转换的财力资本时会注重股票和成长型资产。而当年龄越来越大，我们的重心向创收型资产倾斜。当我们快退休时，人力资本每年的附加值逐渐减少，我们可能会开始用财力资本来补贴下降的收入。将人力资本纳入你的总体投资方案非常重要，跟考虑其他风险敞口（exposure）同样重要。人力资本也会受到你的投资环境和前景的影响。

合适的指引比黄金都贵重

你的资产配置规划应成为整体财务结构的一部分。当你构建财务之屋时必须具备一些条件。你是否有财务计划？我感到很吃惊的是，很多人都不知道退休后要花多少钱，有的甚至对自己每月的预算毫无概念。我见过一些成功的企业家和年轻人，在事业刚起步时同样毫无远见。如果你连自己所处的位置都不知道，那么如何开始制定资产配置规划？弗兰克大叔告诉你这是不可能的。

你的人力资本是否得到了合适的保护？大难临头时，你有没有足够的人寿保险来帮助你的家庭渡过难关？你的实际资产，如房子、车子和其他财产是不是有充分的保护措施？花一点点时间和精力组织一下个人的财务情况，可以为你的资产配置策略奠定基础。

每一个人都应该有一份理财计划，并且定期改进。如果你还没有，现在就应该做一份。它不一定要多么完美。你可能不愿意坐下来考虑自己的收入、开支和投资目的，但是你必须这样做。

第12章
"生命周期投资"的三块基石

现在只要动动鼠标，你就能利用所有的工具。

制定一份全面的计划来实现你的目标非常容易。这只是确定你的梦想是什么，判断它们的可行性，能利用哪些资源来实现它们，你会采取什么行动取得成功。如果你不是那种凡事亲力亲为的那种类型，很多理财公司和顾问就能为你提供帮助，但是你必须比较和监控他们提供服务所需的费用。确保你挑选的那个理财顾问不是另有打算，而且主要目的不是为了向你兜售某些理财产品。

回到它的本质特征上，进行理财规划需要搜集你的个人信息。你需要合理预测自己的收入、支出、资本流入与流出、储蓄、税负和投资收益等情况。你需要考虑家庭大小和孩子教育费用等个人问题，你要以怎样的方式在什么地方养老？什么样的慈善礼物对你来说很重要？在你前行的道路上，你需要设想各种可能遇到的情况和补救方案。你还需要时常回顾和修正自己的规划。我建议你至少每年进行一次深入的回顾。

税负无疑会是你的投资和理财计划考虑的一部分。税负对我们选择哪种资产以及如何管理这些资产都有影响。国家、地方和联邦层面的税收政策每天都变得越来越复杂。它们经常变动。在这方面，你肯定非常希望能得到高水平的专业帮助。

信托基金和房地产代表一种特殊的免税代码，涉及将资产转移给委托人。在某些情况下，信托基金可以用来保护、管理、转移或分配资产。它们经常用来规划死后遗产转移或规划遗产税。这个领域我同样建议你不要自己大包大揽。信托基金和房地产投资相当复杂，没有专业的技能和知识很难建立起结构并加以管理。

理财计划中另外一个重要但常被误解的部分是人寿保险和养老金。简而言之，买人寿保险通常是针对死亡风险，对人力资本进行的保护，实现方式是偿付现金支付遗产税，或者将我们的人力资本留给自己所爱的人。买养老金一般是为了防止因年老而变穷，因为只要当初注入一大笔投资或是定期支付一定金额，到时就会得到持续的固定或不定收入。

根据费用和支付方式的不同，现在量身定做的人寿保险和养老金种类繁多。客观的理财策划员能帮助你在这些花样繁多的人寿保险和养老金种类中找到方向。还有一些其他形式的保险，如残疾保险、长期护理保险以及健康保险等值得了解一下。要寻求合适的指引，如果这种指引能防止你因为错误的理由使用错误的保险产品，那么它比黄金都贵重。

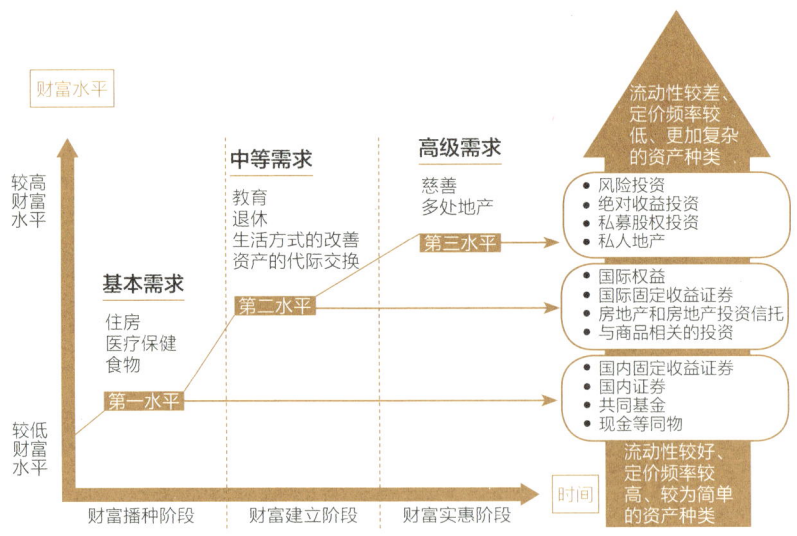

图 12.2　使资产种类与财富水平和投资者需求相匹配

第 12 章
"生命周期投资"的三块基石

蒙特·卡罗模拟法：实现目标的强大工具

我们打好金融之屋的基础后，开始利用资产配置和投资规划来建立和装修房子，我们必须努力工作，有计划地进行。除日常打扫房屋之外，我们还必须定期回顾。就像房子需要维护和检查一样，对资产配置规划的回顾也是必须的。以下概念对顺利实现计划意义很大。"生命周期投资"（lifecycle investing）理念源于三个概念。

第一个概念：人们的投资目标、风险承受力、对资本增长和资本保值的偏好等会随着年龄的增长而改变。一个常见的观点是，激进型的投资组合注重股票和成长型投资，更适合投资寿命长的年轻人；而保守型的投资组合注重增加收入，更适合年长的对风险承受较差的投资者。

第二个概念：我们不能单纯根据年龄来进行资产配置。投资组合的大小和短期需要对我们的规划有影响。一名 35 岁的投资者通常会注重成长型的资产，但是如果她近两年要买房子，那么她可能会重新思考自己整体投资组合的配置。年轻的投资者如果不单考虑年龄的因素，还要考虑省钱上大学或去度假，就可能在投资时会很保守。而年长的投资者如果手头的资产数量众多，应付每年的支出绰绰有余，就可能会在投资时比较激进，特别是当他们的目标是为了给后代或慈善事业留下财富的时候。

第三个概念：预测将来可能面临的责任、将来预期的收入和支出。退休、生活费用、医疗保健、礼物支出都是可能面临的责任，对它们的预测会影响我们今天投资的方式。

你回顾自己的计划时，想想这些因素。一般说来，我们越年轻就越该注重成长型资产。随着人力资本向金融资本转变，我们也应更加注重收入型资产，留心特殊情况对我们资产配置的影响。

当监测自己的资产配置规划时，还需要记住一个重要概念，那就是学者们所说的"投资组合最优化"（portfolio optimization）。这个概念只是说我们想要在既定风险的条件下，合理配置投资组合以达到最大收益，或者换种说法，在既定收益的条件下，风险最低。这种投资组合就落在所谓的"有效边界"（efficient frontier）内，听起来有点《星际迷航》的味道，如图12.3所示。

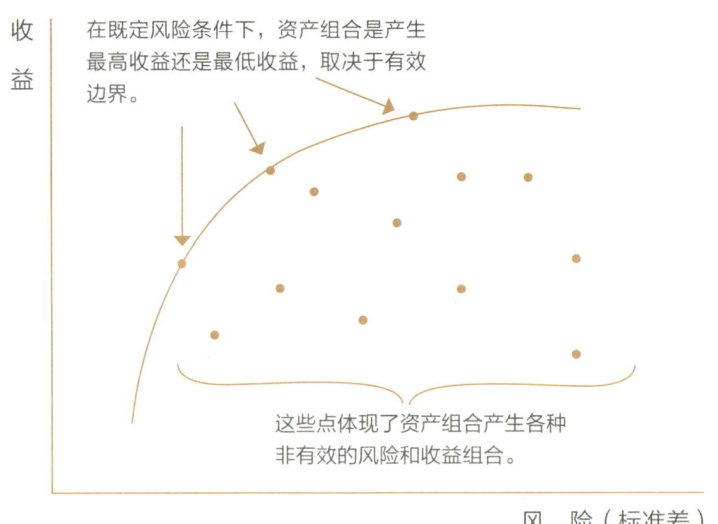

图 12.3 典型的有效边界曲线

打造有效投资组合已经有好几种方法。有些方法依赖数学原理，有些方法更依赖经验或投资者的直觉和判断。你要采用哪种方法取决于你的个性、计算机技巧和对其涉及数学知识了解的多寡。

第12章
"生命周期投资"的三块基石

华尔街的股市分析高手,又称数量分析师或金融工程师,已经创造出了复杂的模型和程序来优化投资组合。这些策略以前是非常复杂的。

你可以在一些网站上用蒙特·卡罗模拟法(Monte Carlo simulations)计算投资组合模型,并且进行模拟测试。

有效边界的全部意义在于:在预期风险条件下,检测资产配置是否为你产生了最大收益。如果你的投资组合收益和风险参数显示低于有效边界曲线,那么你可能需要审视你的投资组合,思考在可承受风险范围内,投资组合的收益是否能最大化。

另外,大部分理财规划公司利用这些工具使你的资产配置方式与你的目标以及资产配置的有效边界保持一致。有几种资产配置模型可借鉴,它们可以帮助你找到合适的资产配置比例。值得一看的网站有effisol.com、allocationmaster.com、ibbotson.com、vestek.com,此外还有很多主要证券经纪人和共同基金管理公司的网站。

管理投资组合就像维修房屋。几年前,我们的父母很容易就能修好火炉或吊扇。今天,家里的很多设施都是由电脑芯片或由长长的电线控制,修理起来并不容易,并且需要精密的诊断仪器和专门的技能。管理投资组合也是这样。如果资产配置内容只是股票和债券,那么加入几只国际股票,再平衡和管理投资组合的分析过程就相对直接、简单。

随着资产种类的扩大和干扰信息的大量出现,要看清大局我们需要提高能力。蒙特·卡罗模拟法这样的强大工具能帮助我们管理投资组合,从而实现投资目标。是否了解这些工具背后的复杂原理并不那么重要，我们只需知道怎样利用这些计算结果来管理资产。

在生活中，当一切正常时，计算机在95%的情况下是正确的；但是当事态不正常时，计算机可能在5%的情况下会出错。这时人类需要依靠自己。

计算机的作用令人惊叹，但是别忘了利用自己的直觉。这种历经时间考验的方法能让我们在资产配置过程中与目标时刻保持一致。还有要记住，就算是最强大的电脑程序，也无法捕捉到我们的感受。

投资者能在多大程度上将这种人力资本转化成财力资本取决于这样一些因素：收入、开销、生活方式、应对税负或通胀的方式。

大多数情况下，挣钱的早中期，我们在分配新转换的财力资本时，会注重股票和成长型资产。而当年龄越来越大，我们的重心向创收型资产倾斜。当我们快退休时，人力资本每年的附加值逐渐减少，我们可能会开始用财力资本来补贴下降的收入。

有效边界可以检测在预期风险条件下，资产配置是否为你产生了最大收益。如果你的投资组合收益和风险参数显示低于有效边界曲线，那么你可能需要再审视一下你的投资组合，思考在可承受风险范围内，投资组合的收益是否能达到最高。

巴菲特资产配置箴言

第 13 章
CHAPTER 13

少就是多

为你的投资组合制定严谨的均衡原则可以有效消除主观臆断，强制性地让你摆脱情绪与心理的影响。

THE LITTLE BOOK THAT STILL SAVES YOUR ASSETS

禅宗是佛教的宗派之一，强调修习禅定，达到顿悟。"禅"这个字来自梵语"禅那"，指一种冥想的灵修方式。禅宗强调接受现状和自我。借助冥想，让你把重心放在当前重要的事情上。在管理你的投资规划时，这些特质非常有用。

不管你的资产配置规划如何完美，投资成功只有可能性而无必然性。就像生活中很多其他事情一样，辅之实际的考虑和反思，你获得智慧和成功的可能性能够得到提高。在追求目标的途中，你需要留心一些标准和原则，它们可以规范你的努力，优化你的成果。

巴菲特屡次建议：认识你自己

从一开始，你就必须了解自己。不是你觉得自己是谁，或者你想成为谁，而是你目前真实的自己。自以为是当然很简单，这种自我欺骗对我们的投资会产生严重的影响。你可能夸大了自己冒险的能力，最后惊慌失措，在意料之外的恐惧中做出一个非常

第13章
少就是多

可怕的决定。你可能会高估自己的投资能力，认为你的投资收益来自聪慧，而不是运气。这样的想法很容易会导致你无所顾忌，犯下损失惨重的错误。

了解并且接受真实的自己，做到这点并不容易，但是回报却非常巨大。巴菲特屡次建议投资者发现和发展自己的优势，并且充分利用这一优势。你是不是对某些资产情有独钟，当然在不限制你选择范围的前提下？你是不是一个事必躬亲的投资者，喜欢直接持有房地产多于股票和房地产投资信托基金？你喜欢自己发现和探索投资想法，还是更倾向于依赖别人拿主意？你做调查的资源来自哪里？你做调查和核对结论需要多少时间？你的目标和梦想有多重要？可行性多大？

你的投资活动和结果也需要经过细心的思考。你回顾和追踪自己的投资组合有多频繁、仔细？你是否能解释自己投资收益和亏损的原因？你喜欢哪种风格的投资方式？你更喜欢成长型股票还是价值型股票？你更乐于接触对冲基金，还是透明性和流动性更强的共同基金？你是否也深受传闻中的那些投资偏见影响？

了解自己是一个永无止境的过程。你需要比较自我评价与他人评价，特别是弗兰克大叔对你的评价。如果不了解自己以及自己在不同处境下的反应，你就可能会发现投资简直易如反掌，但是那只是运气，不是精心谋划的结果。什么是你能够真正了解的？你可以通过什么方式辨认它？人类可能有 5 种感官，但是关乎我们生存和幸福的关键依赖于第 6 感、第 7 感和第 8 感，即我们的直觉、本能和感情。长期的进化让我们的大脑能够处理大量的信息，然后从中筛选出对生命持续所必需的内容。

资产市场可能会变化,技术可能会变化,金融环境可能会变化,交易机制和结构可能会变化,但是人类反应模式在这些年里变化不大。如果你感觉投资世界里有什么不对劲,那么停下来,开展进一步调查,与其他的资源相比对。如果结果还是不合理,那么应该主动放弃。完全依赖本能进行资产配置和投资是不明智的,但是忽略自己的直觉和本能也同样是不明智的。你需要意识到自己资产配置和投资失误,并从中吸取教训,避免下次再犯同样的错误。久而久之,你就会知道什么时候改变主意,选择不同的道路。

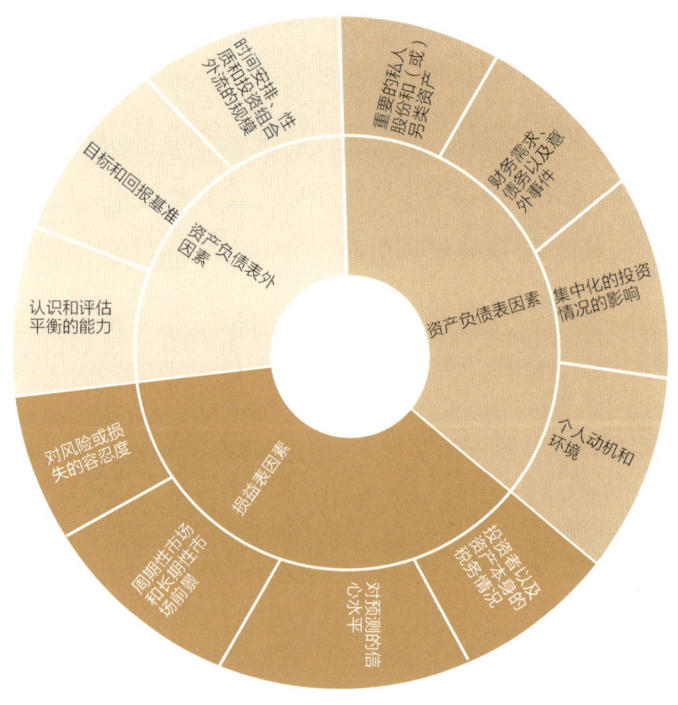

图 13.1 个人投资者资产配置的首要决定因素

第13章
少就是多

改变主意可能有这样一些原因：市场风险变大，你对前景的预测证明是正确的或者你的预测与结果不符。换句话说，你需要增强行为的灵活性和适应性。投资过程有一个很重要的方面，那就是分析为什么一项投资会失败或成功。你是否一时冲动，没有经过细致调查？你依赖的信息是否有误？你的基本设想是不是错的？投资结果虽然成功，却是歪打正着？虽然你的投资推理是正确的，但是选择的时机时是否正确？

如果懂得中国崛起的意义，肯定获利颇丰

成功的资产配置和信息反馈过程包括搜集足够信息，并且对它们进行评估。一旦你做到这点，你就该做投资决定了。你应该清楚为什么某种投资按照或不按照你预想的方式进行。不管最后结果怎样，你从这次投资决策中学到了什么？灵活性的另一面是一心一意和坚定不移。坚持原则和执迷不悟是有着本质区别的。关键是要知道两者之间的差别是什么，什么时候这种差别很重要。有时市场趋势会与你做对，你是继续我行我素还是反思自己原有的设想，想办法摆脱困境？你是否忽略了一个可能导致严重结果的关键因素？

得出正确的答案不容易，但是如果你不质疑原有的决定，寻找自己推理中的缺陷，那么回答上面的问题根本不可能。有可能你的原有结论是正确的，你应该坚持原则，但你需要知道自己可能忽略或完全弄错的地方。有些资产配置和投资案例之所以成功，是因为投资者有远见，看到了大方向。就像20世纪80年代后期的

一名投资者预见到了个人电脑的巨大影响，或者2009—2010年的一名投资者理解了智能手机和手机上网的含义，如20世纪90年代后期的一名投资者发现网络股已经发展到顶峰会怎样？

一名投资者如果懂得21世纪头10年中国的崛起对全世界的意义，那么肯定能获利颇丰，看到社会、技术和市场趋势发展的大方向能为你的投资带来积极的回报。有时你感觉自己御风而行，有时却感觉自己在顶风前行。如果你知道风往哪个方向刮，你就能相应地调整自己的位置。变化产生的原因可能是地缘政治或政治上的发展、人口因素、全球化、科技突破、税收法律和货币政策的变动。是否能够在它们发生的时候对它们进行界定对你的成功至关重要。

关键是要辨别潮流什么时候出现以及持续时间。你需要了解既定潮流会对经济的哪个方面产生积极影响，同时会对哪些方面产生负面影响。能预见T型车发展的人会受益匪浅，因为他们肯定会买新的汽车股，然后卖出马车公司的股票。你需要发现投资的主流，并且判断哪种资产能够从这种潮流中获益。

你必须脚踏实地，当你设定目标和判断实现目标路程的长短时，必须从实际出发。在预测特定资产能产生多大受益时，加些理性的思考进去。在评估投资经理时也是这样。一些健康的现实主义色彩，再加上一点怀疑精神，能防止你产生虚无的期望，取得较好的结果。

听信"新范式"，损失难以估量

最重要的事情之一是要记住树真的长不了天空那么高。在某

第13章
少就是多

个点上，所有的高增长投资都会开始放慢增长幅度，甚至突然跌回地面。竞争会出现，需求会下降，增长会开始减速。牢记这一次也不例外，没有一次是例外的。不管如何强大，所有的潮流都有一个结束的时间，此时所有的获利可能性开始消散。因为听信像"新范式"这类的新词语，投资者的投资组合蒙受了难以估量的经济损失。

在叶芝那首伟大的诗《第二次降临》(The Second Coming) 中，诺贝尔文学奖获得者，爱尔兰诗人这样写道："中心无法维持。"当资产价格一路下滑，没有停止的迹象时，世界末日越来越近。叶芝描述的这种感觉就是很多投资者的心情写照。1979年8月13日，一本著名和倍受尊敬的杂志在封面刊登了一篇文章：《股票的末日》(The Death of Equities)。在那个时刻，金融之痛人所共享，看来似乎没有止境，这时其实正是开始买入美国股票的好时机。黎明前的天空总是最黑暗。不管事态看起来如何糟糕，地球也不会停止转动。投资时你需要一点玩世不恭的精神，但是在克制过度乐观主义的同时，应该避免极端消极主义和偏执、多疑。

不要跟你的合伙人唱反调，但是在投资市场中应保持一点唱反调的精神。我们都需要保持一种健康的逆向主义 (contrarianism) 姿态。逆向主义意味着愿意跟大多数人的观点和立场保持对立。通常当大多数人都认为某种投资具有高收益时，事实往往证明他们的意见是错的。如果所有人都喜欢某种资产，那么你最好卖掉这种资产。如果所有人都讨厌某种资产，那么就是买入这种资产的时候了。

尽管逆向投资非常管用，有时还是一种不错的投资方式，但是像其他事物一样，它不是万无一失的。当一大群人从拥挤的电影院跑出来的时候，并不能说明你跑进电影院就是正确的。有时，群众的观点就是正确的。你需要具备分辨的能力，什么时候使用逆向投资，什么时候逆向投资是错误的。

在生活和投资中，我们都会犯错。在意识到错误之后所采取的行动，界定了我们投资计划的成功和失败。人类的本性是躲避伤害，否认正在酿成的投资损失，但迟迟不采取行动就会让账面上的损失成为现实的损失。很多时候，不直面问题和承认失败会导致事态进一步恶化，担负的损失更严重。一次失败的投资影响的不仅是收益，还有信心，让我们失去重心。直面自己的失误，接受在投资中会犯错的现实，并且清楚自己能从中学习和再次振作起来。明白什么时候减少损失，继续前进，从中恢复过来。

尤其是在今天，你需要对所关注的信息和教育资源进行筛选。问问自己这些信息来源是否可靠、周到、符合逻辑或只是一些鼓励投机某种风险很大资产的小道消息？避开世界的杂音和干扰，少就是多。知道哪些资源可靠和准确，然后忽略其他。

在资产配置和投资领域，禅宗的冥想能帮助我们达成目标。我们需要留心和评估源源不断、经常互相对立的信息流。了解我们自己，了解世界发生的事情，了解这样的潮流和事件对投资组合有什么影响，这会让我们更快地抵达目标。这些因素能帮我们形成投资规划，按照这个规划行事，当我们自己和周围世界改变的时候对规划做出必要的调整。

成功的资产配置和信息反馈过程包括搜集足够信息，并且对它们进行评估。

看到社会、技术和市场趋势发展的大方向能为你的投资带来积极的回报。其关键是要辨别潮流什么时候出现以及持续时间。

投资者都需要保持一种健康的逆向主义。通常当大多数人都认为一种投资是对还是错的时候，事实往往证明他们的意见是错的。如果所有人都喜欢某种资产，那么你最好卖掉这种资产。如果所有人都讨厌某种资产，那么就是买入这种资产的时候了。

巴菲特资产配置箴言

第 14 章
CHAPTER 14

"如果知道自己会死在何处，我将永远不去那里"

　　人性弱点的膨胀会让资产缩水，随着资本水平的上升，原本没有表现出来的身负和贪婪等很可能最终会侵蚀财富。

THE LITTLE BOOK THAT STILL SAVES YOUR ASSETS

毁灭，没有什么能让这个词语变得动听，不是吗？除暗含了混乱和灾难意味之外，"毁灭"在这里还描述了失控、困扰等能导致痛苦或穷困的任何情境。在进行资产配置和投资决策时，几种重大的错误差不多总会将我们引向投资绝境。为了避免这种非常不愉快的情况出现，我们了解一下这些常见的错误和失误，以尽量规避它们。

通往地狱之路是用鲜花铺成的

对所面临的风险毫无察觉是通向地狱的必然之路。很少或没有考虑这些风险，对你的投资和整体资产配置是致命的失误。你必须实事求是地考虑自己做的每个决定可能导致的差错。在有利的投资环境下，你很容易放松警惕，忽视风险而上当受骗。据说骗局在牛市比在熊市更常见，因为形势不好时，大家通常比较小心。

当市场形势大好、欣欣向荣时，你需要考虑如何保护自己的投资组合和既得收益。等到市场开始走下坡路时就已经太晚了。

第14章
"如果知道自己会死在何处,我将永远不去那里"

投资的价格不会总是回弹,事实上,它越降越低。

仅仅察觉到各种风险是不够的,你必须识别出面对的是哪种风险,以及如何保护自己不受影响。在实现梦想的途中,你会遇到很多风险:

- 资产类风险,比如货币波动或者是你所在的公司和市政债券信用评级下调。
- 市场风险,一般由经济基本面的变化或评估失当造成。
- 投资者风险,指的是确保资产基础足够大使你能够承受波动和实现目标。这类风险还包括我们之前讨论过的偏见和心理倾向,如过度自信、固守成见、被极度乐观或消极情绪冲昏头脑。

还有一种必然导致灾难的做法是随大流。与其自己一个人正确,我们宁愿跟一群人错。如果昨晚鸡尾酒会上的人都因为同样的股票和基金赔钱,你就比较容易接受自己的损失。把自己放进大多数的群体中,你告诉自己损失的投资还会回来,即使事实证明不是那样。

与经常跟着大多数人走相比,有时你需要坚守自己的计划,不管别人是怎么做的。他们可能正确,也可能错误。但是盲目地跟着人群投资,就好像让一群无组织的人帮助你管理投资组合。很多情况下,当一个投资被太多人持有时,就开始出现均值回归,走下坡路了。

你应该问问自己和别人:"这个投资观念或潮流是不是太火了?"拜访弗兰克大叔也许是一个不错的选择。如果这个投资已经非常流行而且被广泛持有，那么它继续流行的理由是什么？什么样的因素会使它转变发展方向？随大流有时可能行得通，但是总的来说，得到的收益可能会低于平均水平。

好的投资表现会一直好下去，这样的想法是后来绝望情绪滋生的源头。因为特定资产或基金发展良好，就认为它会一直好下去很不明智。大多数投资种类都有生物周期。就像一个森林中生物太多，会引起森林大火，在某个点上投资和资产类别因为被太多投资者持有，收益可能性就会消失。

在火灾过后，从荒凉的土地上肥沃的尘土和灰尘中，新的生命开始扎根，长成参天大树。同样，在大家都卖出一个既定资产类别后，可能是买入它的最好时机。记住均值回归的概念。这是你的资产配置工具箱中最重要的工具之一。

如果抛售每项表现不如所愿或价格下跌的投资，那么也会把自己置于不利的处境。纯粹追求资产表现会让我们在应该更多买入的时候做出抛售的决定。很多时候，我们可能想放弃某种投资或与某个投资经理的合作，因为他们跟不上热门投资的增长劲头，这样的决定通常是错误的。

20世纪90年代后期，一群忧心忡忡的商人问我是不是应该解雇他们大学的一名投资经理。这名投资经理是20世纪最有价值的投资新秀之一，但是当时他的表现没有跟上科技股产生的巨大收益。当时让这位投资经理离开，时机是最不合适的。我劝服整个委员会不要这样做。接下来的4年和后来的时间，这位原本要被炒鱿鱼的投资经理取得了令人惊叹的成就，不管是从总体上讲，还是跟相对紧缩的科技股比较而言。

第14章
"如果知道自己会死在何处，我将永远不去那里"

你应该问问自己投资种类、投资经理或投资工具是否有可取之处。如果有，那么想想它们暂时落后的表现将来能否提高。当你急于改变现状的时候，闭上眼睛，想象一下第五大道和42大街上的纽约公立图书馆主建筑。纽约市广受欢迎的市长费奥雷洛·亨利·拉瓜迪亚（Fiorello Henry Laguardia）给那两个石灰石狮子重新命名为耐心（patience）和刚毅（fortitude）。当你监控自己的投资组合时，希望这两座狮子卫兵时常伴你左右。

令人扼腕的是，许多投资者是自己铺就了毁灭之路。2007年中期，《福布斯》杂志报道，根据沃顿商学院养老金研究理事会（Wharton school pension research council）针对120万人的调查，这些调查者参加了1 500个养老金计划，两年之间，他们之中的80%没有对投资组合进行过调整，11%只做了一项调整。因此，即使那些当初做好资产配置的人，也任由各项资产的表现来决定整体投资组合的收益。

对这些资产配置方案不闻不问，不聘请顾问来告诉他们什么时候或如何再平衡投资组合，他们的投资组合很快就不能适应自己的需求。在资产配置中，很有价值的一点是你是否能真正做自己的主人或维护好自己的房子。如果你能做到这一点，那么你会为此而费心吗？

没有人说你必须是资产配置专业人士还是投资专家，或者说你必须全身心投入才能取得成功。你必须做的只是根据自己的能力、才能和时间来决定自己的参与度。你是不是要聘请顾问来完成这一过程？跟亲力亲为相比，你是不是更愿意接受弗兰克大叔慷慨的帮助？不管你做什么决定，独自承担还是聘请专家都应该有较好的理由。避免肤浅地抄近路或袖手旁观地让资产自生自灭。这两种方法都有负面影响，而且会延迟或粉碎你的梦想。

图 14.1　个人投资者的某些行为特点和模式

恐惧和贪婪：推动金融市场的情感力量

还有一种捷径会让期望和收益落空，那就是让你的感情统率你的决定。人类的感情有很多种，但是恐惧和贪婪是最常被提及的推动金融市场的情感力量。如果我们不小心，它们就能支配和毁灭我们。恐惧和贪婪能成为你最大的敌人，也能成为你最大的

第14章
"如果知道自己会死在何处，我将永远不去那里"

资产。一定的恐惧能让我们保持必要的谨慎、小心，一定程度上的贪婪能让我们巧妙地冒一些风险，可一旦过量，它们就能使我们与要走的道路相隔万里。

不要让自己被贪婪冲昏头脑非常重要。想要挣最多的钱的愿望会让我们做出过分冒险的投资决定。它会让我们抛弃配置良好的投资组合，放弃自己的原则，变得短视和不择手段。当我们被贪婪控制时，我们通常就会听不见理性的声音，丧失有节制的性格，最后与我们的梦想越来越远。

资产配置和投资感情领域的另一极端是恐惧。实话实说，金融市场有时很可怕。有时会碰到让人揪心抓狂的跌价抛售和混乱。如果让恐惧主宰自己，这时候我们很可能会不知所措。可能还有生机的时候我们只能看到灾难。

恐惧会让我们放弃自己的资产配置规划。它会阻止我们听从理性的声音，从上升资产向下降资产转移。恐惧会把我们放在高买低卖的道路上。过度的恐惧会让我们在最错误的时机大幅度变动原本计划好的资产配置、投资计划、投资经理、投资资产。

恐惧还会让你观望太长时间，等待完美投资时刻的到来。事实上，这一时刻似乎遥遥无期，而当它突然从你身边溜走的时候，你又在眼巴巴地等待它下一次的到来。不幸的是，它可能永远都不会再来。另外一种因为过度恐惧而常犯的错误是企图预算资产类别的价格变动趋势。

几项研究结果表明，多达50%的资产的复合长期收益（compounded long-term return）事实上都是在20或30个交易日获得的。如果你一直在等待最合适的时机，错过了一部分或全部这些时间较短的交易日，你就错过了这种资产可能产生的一半收益。

外面的投资世界很广阔，我们需要把目光放在那些塑造经济和金融市场的主要长期潮流上，要放眼大局，而不只是某一天的道琼斯工业平均指数或关门时的金价。影响社会、经济、生活和资产市场的重要力量很多，我们需要了解它们以及它们对计划的影响。

过于狭隘和短视的眼光可能会让我们错过这些强有力的大趋势，以及看到这些因素是如何影响你的长期资产配置规划。尽管将船驶入港湾，你确实需要花费大量精力应对眼前的状况，但是你需要时常把目光投向地平线，注意风向的转变和可能出现的暴风雪，否则你永远都到达不了目标港湾。

整个建立和监控资产配置规划的过程可能非常庞大。将这些任务分成实际可行的小部分，然后各个击破。试图一次性形成对经济和发展前景的描述、确定好配置方案、挑选投资经理和各项投资是一项几乎不可能完成的任务。一次解决一个问题，最后将它们拼接成完整的规划图。

虽然会花费相当大的时间和精力，但是为了你的梦想是值得的。这些任务如此巨大，你可能什么都做不了，而不是做了却力不从心。你可以将这些任务分出轻重缓急，然后决定哪些应该自己完成，哪些由别人完成。

在某种意义上，另一种常见错误是过多关注宏观投资局面而忽视自己的努力，这跟忽视地平线的错误正好相反。如果你只是看着地平线，那么你的船帆可能不直，你的船舵可能无人掌控。采用这种方式你永远抵达不了港湾、归宿和目标。

在有利的投资环境下，容易忽视风险对投资组合的影响。

从众心理，随大流，盲目地跟着人群投资。

认为特定资产或基金发展良好的势头会一直保持下去。

抛售每项表现不如愿或价格下降的投资，纯粹追求资产表现会让投资者做出错误的决定。

让感情统率投资者的决定，恐惧和贪婪是最常被提及的推动金融市场的感情力量。

过多关注宏观投资局面而忽视自己的努力，这样永远抵达不了你的投资目标。

巴菲特资产配置箴言

第 15 章
CHAPTER 15

捧起财务自由的圣杯

人并不是生来就贫穷,真正让你变得贫穷的是你自己。做好资产配置,每个人都有机会过上富足、丰饶的生活。

THE LITTLE BOOK THAT STILL SAVES YOUR ASSETS

显然在中国投资的想法更令人兴奋

就像 20 世纪美国著名诗人罗伯特·弗罗斯特（Robert Frost）那首美妙的诗《未选择的道路》（*The road not taken*）所传达的那样：在生活的道路上你会遇到交叉口，在熙熙攘攘大道还是人迹罕至小道之间，你必须做出选择。你可以像大多数人那样投资，多年来因为各种原因毫无章法地买卖股票、债券和共同基金，或者你可以采用更全面的方式，从你的生活和目标角度出发看待投资。归根结底，还有什么比想过上理想生活更好的投资理由呢？

与之相反的局面是，大多数人不再面临这样的选择。管理自己财务的风险和责任，特别是退休金财务，已经不偏不倚地落在我们的肩膀上。以前那种清晰而有保证的养老金已经不存在了，今天我们面对的是罗斯个人退休账户（Roth IRAs）和 401（k）计划，这些都必须自己做决定。

当投资新世界揭开它的面纱时，很多人倾向于注重单项资产，而不是从全局角度规划投资。显然在中国投资的想法更令人兴奋，或者是巴西、印度等其他新兴市场。社交媒体股票、商品期货等

第15章
捧起财务自由的圣杯

都是后来兴起的投资,我们最好也买入一些。对冲基金可能非常热门,我们如何获取?对投资组合而言,这些投资可能非常不错,但是它们只是一个大菜单上的配料,而不是主菜。

跟那些令人激动的新投资相比,资产配置可能听起来很乏味。但是深思熟虑地制定投资计划,其重要性怎么强调都不过分。研究表明,美国养老金基金这些年来90%的收益差别是因为资产配置不同而造成的。

这些资产的最终表现不是由投资经理或挑选的证券类别决定,而是基于投资者在特定时期如何配置资产。一些运作最成功的捐赠基金,从哈佛大学到耶鲁大学,从杜克大学到斯坦福大学,它们取得的成功都源自资产配置,以及根据经济、金融、政治和货币发展对投资组合做出调整。

你有这样一个选择:在不知道什么投资能为自己所用的情况下,直接进入投资市场,根据一时意气来进行投资,然后将它们拼成一个除"赚钱"之外毫无目的的投资组合。这就像去百货商店买东西,事先没有考虑买这些配料打算做什么菜。你可能不喜欢买食品或为做饭而买菜。

你可能更喜欢在外面吃。即使你让别人来做饭,你至少应该知道你是想吃早饭还是晚饭,或者想去哪个餐馆。以同样的方式对待投资和生活目标:决定自己想要什么,了解足够的信息,知道可以利用哪些资源。你不必达到《纽约时报》餐馆评论员的水平,但是你需要了解足够的信息,知道某个餐馆是不是靠谱,还是说因为违反健康法规曾5次被迫关门。

制定资产配置规划不会是你做过最容易的事情,特别是当你对市场一无所知的时候。你需要采取行动来变成一个见多识广、受过教育的投资者。你必须时刻关注那些能影响你投资的新闻和事件。根据投资销售人员和推广人员的建议组建投资组合可能相对容易，但是这样做能帮你实现目标吗？

做推广的销售人员和公司可能比你还担心自己孩子上大学的费用和自己的养老金计划。花时间了解足够多的信息，判断自己是否能聘请合适的人来管理投资还是自己管理投资。可查找的信息很多，找到自己需要的，以批判的眼光看待它们，选择性地加以利用。做到这点需要你付出一定的努力，但是这种努力是值得的。

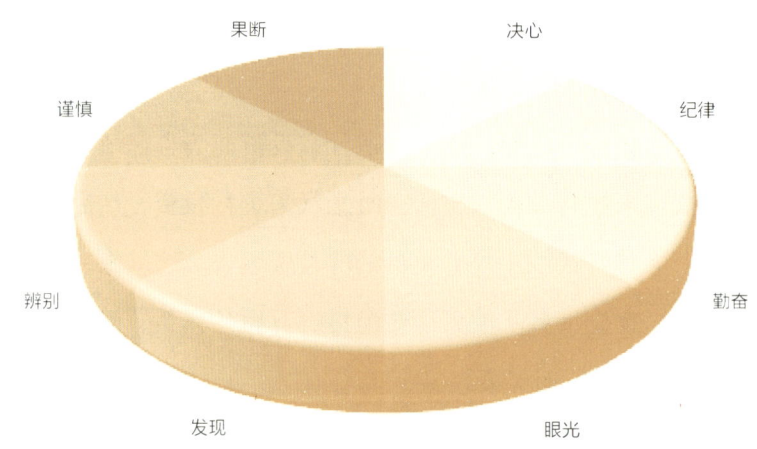

图 15.1 资产配置再平衡活动中的一些重要的成功因素

认识老板会从员工那里得到更好的服务

该如何开始？你现在应该做什么？你如何开始资产配置和投资整个过程？应对任何挑战的最好方法是把任务分成可操作的小

第 15 章
捧起财务自由的圣杯

任务，分清其中的轻重缓急，然后一一解决。从本质上说，资产配置和投资需要理解、评估和管理人。这里的人包括你本人、证券经纪人、资产配置者、投资经理和其他帮助你形成投资计划的专业人士。

评估人需要洞察力和直觉。在评估你的税务专员时，你需要采用跟评估投资经理不同的标准，因为这两个领域显然需要不同的技能。

不管怎样，你应该掌握一些全面适用的基本标准。不管在什么领域，你都想与诚实、专业且对自己严格要求的人打交道。你希望自己团队的成员对自己的职业充满热情，而且在面对市场时乐于学习新的方式。

在评估人的同时回顾自己过去的成功与失败，并且从中汲取经验是非常有用的。如果你以前解雇过别人，那么问问自己理由是什么，以及那个人当初吸引你的是什么。如果你对一位投资经理、顾问或律师特别满意，那么观察下他们的特征，然后描述出他们拥有的哪种特征对你很有用。

当在评估预备资产配置和投资团队时，最简单的做法之一就是要求并核查推荐材料。我见到很多人不是很愿意采取这关键的一步。我不知道他们究竟是太腼腆，还是认为那样做有失礼貌，但是他们那样做等于是犯了一个严重错误。大多数理财顾问都有推荐材料，而且很乐意提供给别人。事实上，拒绝提供推荐材料可能是一个提示，你可能需要重新考虑是否聘用这个人。

在联系推荐人时，我建议你直接找到他们本人或是与他们通电话，而不是通过电子邮件联系。就像皮特·斯泰纳（Peter Steiner）在《纽约客》（*The New Yorker*）杂志一期动画中说的："在网上，没人知道你是一条狗。"从语调和其他言语信号中可以获取很多信息，而电子邮件沟通无法做到这一点。回答某个问题时的犹豫不决通常能传达很重要信息。

单刀直入地说明你是谁，为什么打这个电话。当你问一位朋友或合伙人对某个专业人士的看法时，他们的最初反应可能会传达很多信息。不用对这种沟通过多诠释，你应该分辨出这位推荐人的满意度，以及它与你所寻求的理财帮助相关度。

在核查一位顾问的推荐材料时，你需要找到的最重要的信息是，这份推荐材料中对你评估的顾问最好和最坏的评价。这份推荐材料是不是公正、完整和实事求是？如果你仍然有问题、担心或残留疑问，你可以要求更多的推荐材料，并且检查它们之间的一致性。在核查推荐材料上所投入的一些额外努力，能帮助你成为一个见多识广和更有能力的消费者，能帮助你判断是不是应该继续利用某一金融资源。

你应该亲自拜访自己的资产配置和投资中间人的办公场所。那里的氛围、情绪、环境、整洁度和他们开展专业活动的风格能告诉你很多关于在那里工作的人的信息。

他们的办公场所很安静还是人来人往非常热闹？那里的氛围是正式还是不正式？程度有多深？办公场所的布局怎么样？办公场所给你的感觉很好，还是不安心？那里的工作人员是否很有组织性和高效率？他们是否掌握能帮到你的技术和信息资源？办公场所的信息获得途径从何而来，如何流通？经过几次拜访之后，你注意到那里的专业人士和支持人员流动性有多大？他们看起来是不是对自己的工作很热情和全身心投入？

第15章
捧起财务自由的圣杯

当你亲自拜访理财服务提供公司时，向主管那家公司的老板介绍你自己，并且索要他的名片。最好是能进一步了解下他的背景，告诉他一些关于你自己的信息。

换句话说，建立一种私人沟通。如果那里的专业人士和支持人员知道你认识他们办公室的老板，那么通常会提高你跟公司其他人沟通的质量。因为老板对员工的所挣薪水有一定决定作用，通常还对他们的职业发展有很大影响。认识老板一般会从员工那里得到更好的服务。

成功投资的诀窍之一：大量阅读

通过持续扩充自己的知识库和投资选择范围，你可以有效提高资产配置和投资活动的成功率。永远都要好学。巴菲特曾说过："成为成功投资者的诀窍之一就是多阅读。"关注当前世界上发生的事情。定期评估你所选择的投资顾问。他们是不是在做你聘请他们做的事情？

很多时候，投资的人会形成一种金融惯性。你的顾问对待市场和资产配置过程的方式可能跟不上你的要求。太多的投资者开始依赖某个人对投资、税务、房产以及其他问题的建议。随着你投资组合的增长，以及面临形势的复杂化，你可能需要依赖更多专业顾问的意见。

关于资产配置、挑选投资经理、税务建议、信托基金和房产规划等，你可能会很不合适地依赖单个人的意见。尽管让一个人搜罗到投资公司内外部的所有资料，并且把这些信息传达给你是可能的，但是你需要评估这个人是不是能在这些所有的领域保持最新的思维。如果你感觉不到自己理财顾问的成长以及合乎潮流的思维，那么表达你的担心和询问相关问题。如果你得不到合理的答案，或者你的投资状况不能满足你的要求，那么可能是时候改变或扩大你的顾问选择了。

多年来，接触贵金属、商品和货币等市场只是少数极富投资者的专利，到了今天，多亏ETF的飞速发展，每个人都有能力涉足所有类别的资产。想投资国外房地产，有专门的ETF满足你的要求。想要买瑞士法郎，也有相对应的ETF。大致说来，很多这些新基金与传统方法操作这些资产相比，前者更加便宜和更具流动性。

最近10年来金融产品的扩张使得形成资产配置规划和找到合适的不相关资产比以前更为容易。你可以通过买入这些金融产品来大大提高投资组合获取风险利润的可能性。听起来很激动人心，但是如果你和你的顾问不能在变化的市场中与时俱进或对可用的资源无所察觉，那么新的机会对你来说毫无价值。

特别是在不那么高效的资产类别中，挑选好的投资经理对投资组合的收益至关重要。你和你的顾问应该努力了解那些杰出的投资经理，知道他们当中谁建立了新基金或重新开放申购现有基金。可以通过一系列途径来找到与基金相关的信息，如因特网和共同基金研究服务商。你的顾问应该非常了解这些，同时主流金融媒体也会详尽报道这些新闻的来龙去脉。

你应该读这些出版物，如《巴伦周刊》（*Barron's*）、《福布斯》

第15章
捧起财务自由的圣杯

(Forbes)、《财富》(Fortune)、《商业周刊》(Business Week)、《投资者商业日报》(Investor's Business Daily) 和《华尔街日报》等,睁大眼睛来了解这些突出的新基金和重开基金。在今天美妙的技术世界里,利用谷歌或雅虎这样的搜索引擎,你甚至可以创建一项新的研究,这些搜索引擎会即时、自动地给你发送基金重开和封闭的信息。

很多人通过阅读报纸和杂志来了解艺术、体育、时尚、娱乐、世界大事和政治的最新消息。对于商界、经济和自己的投资,我们也应该这样做。你可能永远都不想去挑选股票,但是你应该知道利率是变高还是变低,投资是扩张还是收缩。

换句话说,就像你想知道政治局势和世界大事一样,你对商业和市场环境信息的渴求也应该同样强烈。对报纸上的某个版块略过不读以及忽视关于商业新闻的信息,你就会面临极其不利的处境。当我们决定买房子的时候,我们会了解房地产市场,那为什么我们不去学习一下金融市场的大致情况?在这个金融市场上我们已经投入了大量的人力和财力。

很多人对自己关于投资和资产配置过程的洞察力和知识不是很自信。今天很多信息都可以在因特网、智能手机、电视和金融媒体上找到。原本只属于华尔街和大企业的特权领域已经对普通民众开放,你在自己家里就能涉足这些领域。只要你在逛街、开车上班的途中或者在社会交际中稍加留意,你就能获得经济领域很多有价值的信息。

很多人自己创业,或者所从事的职业给自己带来对世界的很多真知灼见。我们知道自己行业的其他公司业绩如何。供货商是提高价格还是压低价格？货币波动对销售和原材料费用有利还是有弊？新的税法对公司的业务有负面影响吗？所在领域的主管对行业发展前景乐观还是悲观？所有这些见解都传达了非常有价值的信息，能够帮助我们管理好投资组合和实现目标。

如果你是一位主管，或者拥有自己的公司，那么很有可能你的邻居在他们的行业中与你所处的位置一样。他们也可能会有对自己行业或公司的见解，从中可以洞见经济环境或发展趋势。你的邻居可能会是一位非常成功的投资者，能针对目前的市场状况提供建议。

当然，你自己也想做一些调查工作，但是你的朋友和交际圈能为你提供大量的灵感和可行性建议。他们可能是某个行业或公司的专家，能对你胜券在握的投资想法带来一些新鲜的启发。在邻里鸡尾酒会、野餐和后院谈话中，你能搜集到行业人士的内部消息。

今天的投资者可用的信息和工具几乎是无限的，这一点说再多次也不过分。我们并不缺信息。相反，我们面临的大问题是如何分析可用信息，判断使用哪些信息是最有益的，关于最好的网站、博客、推特、杂志、报纸或分析工具，并没有什么万能清单。今天的大部分资源很可能明天就会完全被其他东西所取代。适用于我的信息不一定适用于你。

金融新闻的最大突破之一就是互联网。你可以利用搜索引擎找到令人惊异的信息。我只是将资产配置敲入最有名的一个搜索引擎中，搜到了超过2 100万点击量！有博客、网络论坛、聊天室，还有很多传统形式的新闻和信息资源。你需要细心确认这些

第 15 章
捧起财务自由的圣杯

信息,但是你会发现互联网给你带来的有力帮助,远远胜过了你的父母和祖父母。想搜索和优化自己对互联网的使用方式,www.learnthenet.com 是一个很好的基础向导。

华尔街也许是一个很有价值的信息来源。经纪人公司和商业银行不停地在发表关于公司、行业集团和整体经济前景的报告。很多公司提供非常有帮助的理财规划和资产配置工作表。联邦储备银行(The federal reserve bank)发表回顾当前经济形势的报告。证券交易委员会(securities and exchange commission)至少每半年会发送共同基金股东信件,这些信件可能给你带来行业最好的一些投资经理的见解和观点。

可供你支配的信息范围极广。你必须自己判断哪些对你有用。找到你信任的资源并不难,在管理投资组合时你还可以利用世界的智慧。当然,问问弗兰克大叔他关注的信息也不错。

多数情况下,睁大你的眼睛,竖起你的耳朵,留心周围的世界,寻求好的建议,并且花时间来制定规划。

从本质上说，资产配置和投资需要理解、评估和管理人。这里的人包括你本人、证券经纪人、资产配置者、投资经理和其他帮助你形成投资计划的专业人士。

在评估预备资产配置和投资团队时，最简单的做法之一就是要求并核查推荐材料。大多数理财顾问都有推荐材料，而且很乐意提供给别人。事实上，拒绝提供推荐材料可能是一个提示，你可能需要重新考虑是否聘用这个人。

要想有效提高资产配置和投资的成功率，投资者要持续扩充知识库和投资范围的选择，多阅读，关注时事，定期评估投资顾问。

**巴菲特资产
配置箴言**

资产配置深度评测清单 1

"你是谁"
决定你的投资格局

1. 你的年龄是多少?

2. 对于自己的职业和投资的目前收入,你的安全感有多大?

3. 距离你预期的退休时间还有多少年?

4. 你退休后的寿命是多长?

5. 你喜欢事必躬亲的投资管理方式还是雇用外面的顾问和经理?

6. 你投资的资金来源是哪里?

7. 你投资的主要目的是什么?想要达到什么目标?

8. 预计什么时候你需要动用投资组合的资金?

9. 你清楚自己不同目标之间可能存在的冲突吗?

10. 你的投资组合能承受多大的风险和损失?

11. 你会为投资组合带来额外收益吗?

12. 你对自己的收入和费用预测有多大把握?

13. 你的税负情况怎么样?你预测自己的税负情况会有什么变化?

14. 如果你需要更多的钱来达到目标,那么你担负得起吗?

15. 你目前的净资产值是多少?

16. 为了保护资产和既得收入,你会采取什么措施?

资产配置深度评测清单 2

"你怎么想的"
决定你的投资前景

1. 影响金融市场的因素可能会有哪些?

2. 这些因素的影响力有多大?

3. 这些因素会在什么时候以什么方式影响全球投资市场?

4. 你的投资优先考虑对象到底是什么?它们是长期还是短期的?

5. 近期全球投资市场状况会好转还是恶化?

6. 这些状况对市场的影响时间是多长?

7. 市场最近的表现怎么样?

8. 近期，会有什么因素导致全球投资市场改变发展方向？

9. 跟历史上的收益和波动相比，资产类别的最近收益表现怎么样？

10. 经济是在变强还是变弱？

11. 通货膨胀和通货紧缩的前景怎么样？

12. 你目前的投资计划遇到的最大风险是什么？

13. 影响现在每种资产类别的最大因素是什么？

14. 是什么促使这些因素发生变化？

资产配置深度评测清单 3

"什么投资适合你"
决定你如何挑选投资

1. 你的期望收益与投资风险是否相匹配？

2. 你更喜欢以成长性为导向还是以收入为导向的投资？

3. 你怎么看待国外投资？

4. 目前国外投资与国内投资表现一样吗？

5. 你是否能接受流动性差的投资？这类投资因为难以赎回本金而可能错过某些高收益的机会。

6. 你是否清楚所考虑资产的风险与回报？

7. 增加这种资产会对你的投资组合产生什么影响?

8. 新资产与投资组合中其他资产的相互关系怎么样?

9. 你所考虑的资产大致发展趋势如何? 这些趋势现在有多明显?

10. 什么事情将使这类资产的发展趋势发生逆转?

11. 这类资产是否易于买卖?

12. 你买入这类资产可以有哪些选择?

13. 相对应的税负是多少?

14. 寻找、监控、买入、卖出和持有这类资产的成本和费用分别是多少?

术语表

资产配置（asset allocation）

一种将证券资产根据投资需求在不同资产类别中进行分类的方法。从范围上看，可分为全球资产配置、股票债券资产配置和行业风格资产配置；从时间跨度和风格类别上看，可分为战略性资产配置、战术性资产配置和资产混合配置；从资产管理人的特征与投资者的性质上，可分为买入并持有策略、恒定混合策略、投资组合保险策略。

投资组合（portfolio）

指一些证券的组合。

战术性资产配置（tactical asset allocation）

根据资本市场环境及经济条件对资产配置状态进行动态调整，从而增加投资组合价值的积极战略。在大类资产比例基本确定的基础上，深入到特定资产的内部，进行更为完善的细节构造，同时根据对市场趋势的判断以及不同资产的收益变化，对组合进行适时调整。

战略性资产配置（strategic asset allocation）

在一个较长时期内以追求长期回报为目标的资产配置，根据投资者的风险承受能力，对个人的资产提前做出整体性的规划和安排。这种资产配置方式重在长期回报，因此，往往忽略资产的短期波动。

标准差（standard deviation）

一种用来描述序列离散程度的统计学方法。一种证券或投资组合收益的标准差通常是其自身风险的良好估计。

证券（security）

指除保险单、固定年金和期货合约之外的任何能通过交易实现其价值的纸质文件，大多数是股票和债券。

期货（futures）

交易双方在未来特定的时间以约定的价格买卖一种资产协议。期货多头方承担购买的义务，期货空头方承担出售的义务。

房地产投资信托基金（real estate investment trusts, REITs）

类似于封闭式共同基金，它投资房地产或以房地产为担保借贷，或者以这样的投资为基础发行股份。

高收益债券（high-yield"junk"bond）

标普评级为BB级或更低级别的债务工具。这种债券通常比风险较低的投资级债券有着更高的收益。

相关性（correlation）

两个数字序列之间的相关联程度。相关系数在 +1（完全正相关）和 -1（完全负相关）之间。零相关性说明资产收益不相关。

共同基金（mutual fund）

由投资公司进行管理的一种由股票、债券和其他资产构成的资产组合，通常面对小型投资者。共同基金使投资者能够很容易实现市场风险的高度分散化。

阿尔法值（alpha）

证券收益与基准值的差异程度，基准值通常用回归分析来定义。正的阿尔法值意味着收益在该研究阶段超过了回归定义的基准收益相应的数量。市场的阿尔法值被定义为零。

可转换债券（convertible bond）

在发行公司债券的基础上，附加了一份期权，并允许购买人在规定的时间范围内将其购买的债券转换成指定公司的股票。转换比率是指可转换多少股票，市场转换价格是指债券可以交换的股票的现行价格，转换溢价是指债券价值超过转换价格的部分。

基金中的基金（fund of fund，FOF）

是一种专门投资于其他证券投资基金的基金。FOF 并不直接投资股票或债券，其投资范围仅限于其他基金，通过持有其他证券投资基金而间接持有股票、债券等证券资产。FOF 与开放型共同基金最大的区别在于 FOF 是以基金为投资标的，而基金是以股票、债券等有价证券为投资标的。

通货膨胀保值债券（treasury inflation-protected security, TIPS）

美国财政部发行一种国库券或国库票据。其息票和本金的支付与通货膨胀率挂钩。

市盈率（price-earnings ratio）

股票价格与每股收益的比率，也称作 P/E 乘数。

资产类别（asset class）

股票、债券和其他金融资产的类别。

指数基金（index fund）

一种模仿股票市场指数（如标普 500 指数）收益的共同基金。

交易型开放式指数基金（exchange-traded fund）

允许投资者用股票来兑付基金份额的一种共同基金。

中资海派图书

[美]路易斯·纳维里尔（Louis Navellier）著

刘寅龙 译

定价：79.80元

股神41年实战经验大公开

综合运用8大指标筛选出成长型投资绩优标的股票

让你像巴菲特那样在股市持续赚钱

本书将解决你以下的4个疑问：
- 如何判断一只股票的甜蜜点
- 如何花少量时间管理你的股票账户
- 如何有效抵御风险
- 深入揭秘巴菲特的选股真经

综合运用8个指标，纳维里尔不仅发现了像美洲电信（2年内增值超过300%）和苹果公司（2年内增值超过200%），还发现了汉森自然（3年内增值超过1000%）这样的潜力股！

READING YOUR LIFE

人与知识的美好链接

20年来，中资海派陪伴数百万读者在阅读中收获更好的事业、更多的财富、更美满的生活和更和谐的人际关系，拓展他们的视界，见证他们的成长和进步。

现在，我们可以通过电子书、有声书、视频解读和线上线下读书会等更多方式，给你提供更周到的阅读服务。

微信搜一搜
🔍 海派阅读

关注**海派阅读**，随时了解更多更全的图书及活动资讯，获取更多优惠惊喜。还可以把你的阅读需求和建议告诉我们，认识更多志同道合的书友。让海派君陪你，在阅读中一起成长。

也可以通过以下方式与我们取得联系：

📱 采购热线：18926056206 / 18926056062　　📞 服务热线：0755-25970306

📧 投稿请至：szmiss@126.com　　🔗 新浪微博：中资海派图书

更多精彩请访问中资海派官网　　www.hpbook.com.cn